Langenscheidt

Spanische Grammatik – kurz und schmerzlos

Langenscheidt
Spanische Grammatik –
kurz und schmerzlos

Von Begoña Prieto Peral und Victoria Fülöp-Lucio

Langenscheidt

Berlin · München · Wien · Zürich · New York

Erläuterung der Sonderzeichen:

 = Tipp

 = Hilfe

! = Achtung

 = Unterschiedliche Regel bzw. unterschiedlicher Gebrauch im Spanischen und im Deutschen

Umwelthinweis: gedruckt auf chlorfrei gebleichtem Papier

Umschlaggestaltung: Independent Medien-Design
Zeichnungen im Innenteil: Marlene Pohle, Stuttgart
Lektorat: Harda Kuwer

© 2001 by Langenscheidt KG, Berlin und München
Druck: Druckhaus Langenscheidt, Berlin
Printed in Germany
ISBN 3-468-34948-3
www.langenscheidt.de

Inhalt

Vorwort		11
1	**Das Substantiv und der Artikel** *oder* Gegenstände und Personen benennen	13
1.1	**Das Geschlecht der Substantive** *oder* Männlich und weiblich	14
1.2	**Die Pluralbildung der Substantive** *oder* Mehr an der Zahl	15
1.3	**Die Formen des bestimmten und unbestimmten Artikels** *oder* Ein Substantiv steht selten allein	16
1.4	**Der Gebrauch des Artikels** *oder* La señora Gómez	17
2	**Das Adjektiv** *oder* Sachen und Personen beschreiben	20
2.1	**Die Formen des Adjektivs und die Pluralbildung** *oder* Anpassen heißt die Devise	21
2.2	**Die Stellung des Adjektivs** *oder* Davor oder dahinter?	22
2.3	**Abgekürzte Formen** *oder* Kürzer geht's nicht	23
2.4	**Die Steigerung des Adjektivs** *oder* Schön, schöner, am schönsten	24
2.5	**Der Vergleich** *oder* Über Geschmack lässt sich streiten	24
3	**Das Präsens und das *Gerundio*** *oder* Über die Gegenwart sprechen und über Dinge reden, die gerade geschehen	28
3.1	**Die Formen des Präsens: regelmäßige und unregelmäßige** *oder* Keine Regel ohne Ausnahme	29

Inhalt

3.2	Der Gebrauch des Präsens *oder* Zwischen Vergangenheit und Zukunft	33
3.3	Die Formen des *Gerundio* *oder* Spielend lernen	33
3.4	Der Gebrauch des *Gerundio* *oder* Wenn man hart arbeitet …	34
3.5	Gewohnheitsmäßige Handlungen in der Gegenwart beschreiben *oder* Gewöhnlich tue ich nichts	35
4	Die Verben *ser – estar* und die Form *hay* *oder* Über Sein und Existenz sprechen	37
4.1	Die Formen der Verben *ser* und *estar* *oder* Ich bin, du bist …	38
4.2	Der Gebrauch von *ser* und *estar* *oder* Sein ist nicht Sein	38
4.3	Die unpersönliche Verbform *hay* *oder* Es gibt	41
4.4	Der Gebrauch von *estar* und *hay* *oder* Es ist und es gibt	42
5	Das Perfekt, das *Indefinido*, das Imperfekt und das Plusquamperfekt *oder* Über die Vergangenheit sprechen	45
5.1	Das Perfekt *(Pretérito perfecto)* *oder* Vergangen, aber nicht ganz	46
5.2	Das einfache Perfekt *(Pretérito indefinido)* *oder* Vergangen und vorbei	48
5.3	Das Imperfekt *(Pretérito imperfecto)* *oder* Es war einmal …	52
5.4	Das Plusquamperfekt *(Pretérito pluscuamperfecto)* *oder* Es ist schon lange her	55

Inhalt

6	**Das Futur und *ir* + *a* + Infinitiv** ✓ *oder* Über die Zukunft sprechen	**59**
6.1	Die nahe Zukunft (*ir* + *a* + Infinitiv) *oder* Ich gehe jetzt	60
6.2	Weitere Formen, die nahe Zukunft ausdrücken *oder* Ich habe vor …	61
6.3	Das Futur I *(Futuro simple)* *oder* Ich werde gehen	61
6.4	Das Futur II *(Futuro perfecto)* *oder* Ich werde gegangen sein	64
7	**Der Konditional** *oder* Wie man Wünsche und Vorstellungen äußert und Ratschläge erteilt	**66**
7.1	Die Formen des Konditionals I *(Condicional)* *oder* Ich würde sagen …	67
7.2	Der Gebrauch des Konditionals I *oder* Möglich ist alles	68
7.3	Formen und Gebrauch des Konditionals II *(Condicional perfecto)* *oder* Ich hätte gedacht …	69
8	**Der Imperativ** *oder* Wie man Befehle, Aufforderungen und Anweisungen erteilen kann	**71**
8.1	Die Formen des bejahten Imperativs *oder* An die Arbeit!	72
8.2	Der Gebrauch des bejahten Imperativs *oder* Nicht nur Befehle erteilen	73
8.3	Der verneinte Imperativ *oder* Nicht alles ist erlaubt	74
8.4	Ersatzformen für den Imperativ *oder* Durch die Blume gesagt	75

Inhalt

9	**Der *Subjuntivo*** *oder* Wie man über Wünsche, Gefühle und Meinungen spricht	77
9.1	**Die Formen des *Subjuntivo*** *oder* Den gibt's doch gar nicht im Deutschen	78
9.2	**Der Gebrauch des *Subjuntivo*** *oder* Hoffentlich …	83
10	**Der Bedingungssatz** *oder* Wie man Bedingungen, Voraussetzungen und Folgen ausdrücken kann	92
10.1	**Der reale Bedingungssatz** *oder* Wenn nicht, dann …	93
10.2	**Der potenzielle Bedingungssatz** *oder* Wunschdenken	93
10.3	**Der irreale Bedingungssatz** *oder* Alles zu spät	94
10.4	**Die Konjunktionen** *oder* Das Wörtchen *wenn* und Konsorten	95
11	**Die indirekte Rede** *oder* Wie man Aussagen anderer wiedergibt	100
11.1	**Wiedergabe einer Aussage** *oder* Er sagt, dass …	101
11.2	**Wiedergabe einer Frage bzw. einer Bitte oder eines Befehls** *oder* Stille Post	104
12	**Das Adverb** *oder* Wie man Handlungen beschreibt und näher bestimmt	107
12.1	**Die Formen des Adverbs** *oder* Hier und dort	108
12.2	**Der Gebrauch des Adverbs** *oder* Werden Sie genauer	110

Inhalt

13	**Das Pronomen**	**114**
	oder Ich, die anderen und meine Umwelt	
13.1	**Das Personalpronomen**	**114**
	oder Ich und du	
13.2	**Das Possessivpronomen**	**119**
	oder Was mein ist, ist auch dein	
13.3	**Das Demonstrativpronomen**	**124**
	oder Dieser und jener	
13.4	**Das Indefinitpronomen**	**128**
	oder Wer nichts getan hat, ist niemand	
13.5	**Das Relativpronomen**	**136**
	oder Wie man Sätze verbindet	
13.6	**Das Interrogativpronomen**	**141**
	oder Wer denn, wo denn, was denn?	
14	**Zahlen und Zahlwörter**	**146**
	oder Zählen und zahlen	
14.1	**Die Grundzahlen**	**147**
	oder Eins, zwei, drei …	
14.2	**Die Ordnungszahlen**	**150**
	oder Erstens, zweitens, drittens …	
15	**Die Präposition und die Konjunktion**	**153**
	oder Nützliche Wort- und Satzverbindungen	
15.1	**Die Präposition**	**153**
	oder Auf, über, für & Co.	
15.2	**Die Konjunktion**	**165**
	oder Und, weil, denn & Co.	

nueve

16	**Das Passiv und die unpersönlichen Aussagen**	**167**
	oder Das Objekt eines Vorgangs hervorheben	
16.1	**Das Passiv**	**167**
	oder Wie man eine Sichtweise ändern kann	
16.2	**Unpersönliche Aussagen**	**169**
	oder Man gewöhnt sich an alles	

Anhang	
Verbtabelle	**172**
Grammatische Fachausdrücke	**182**
Lösungen	**184**
Register	**189**

Vorwort

Spanische Grammatik kann Spaß machen! Das will Ihnen dieses Buch zeigen. So kurz und schmerzlos wie möglich werden Sie in die wichtigsten Gebiete der spanischen Grammatik eingeführt. Deshalb ist es gar nicht erst Ziel des Buches, erschöpfend zu sein, denn das wäre höchstens für Sie erschöpfend.

Neu an der Konzeption der Grammatik ist der kommunikative Ansatz. Das heißt: Nicht die Regeln stehen im Vordergrund, sondern die Funktion der Sprache im Rahmen der Kommunikation: »**Was** teilt mir der Gesprächspartner **wie** mit?«.

Dieses kleine Sprachtraining ist praxisbezogen, leicht verständlich und von unterhaltsamem Charakter, sodass Ihnen das Lernen nicht schwer fallen wird. Denn: Je interessanter oder ausgefallener die Situationen, desto schneller lassen sich die Regeln merken.

Um es Ihnen zu erleichtern, haben wir auch die Beispiele ins Deutsche übersetzt. Auf anschauliche Weise werden von den blau hinterlegten Beispielen die grammatikalischen Regeln abgeleitet, damit sie sich besser einprägen. Zur späteren Wiederholung oder Auffrischung können Sie dann die »Frosch-Technik« anwenden, indem Sie einfach von Regel zu Regel hüpfen.

Nehmen Sie sich besser nicht vor, das ganze Buch auf einmal zu verschlingen – das wäre trotz der lockeren Darbietungsform ein zu großer Brocken und Sie könnten noch Schluckauf kriegen. Versuchen Sie lieber, jeweils einen der kleinen appetitlichen Happen voll auszukosten – so kommen Sie sicher und ohne Verdauungsbeschwerden ans Ziel.

Wir wünschen Ihnen dabei viel Spaß und Erfolg!

Autorinnen und Verlag

1 Das Substantiv und der Artikel
oder

Gegenstände und Personen benennen

De viaje

Unterwegs

Reiseleiterin: Zur Linken befindet sich die Giralda.
Touristengruppe: Oh!
Reiseleiterin: Und rechts ist das Rathaus.
Touristengruppe: Oh!
Reiseleiterin: Und hier liegen die Gärten des Alcázar.
Sancho Panza: Mann, das ist aber grün verglichen mit der Mancha!

Das Geschlecht der Substantive

Die Sachen beim richtigen Namen nennen? Das ist nicht nur für eine Reiseleiterin wichtig! Und deswegen gibt es Substantive (Hauptwörter).

1.1 Das Geschlecht der Substantive
oder *Männlich und weiblich*

Maskulin, feminin oder Neutrum? Die Frage lässt sich fürs Spanische leichter beantworten als fürs Deutsche, denn alle Substantive sind entweder männlich oder weiblich, es gibt kein Neutrum!
Wie erkennen Sie nun, welches Geschlecht ein Substantiv hat? Ganz einfach: anhand der Wortendung oder der Wortbedeutung!

- Endung der Substantive:

  Substantive, die auf **-o** enden, sind meist männlich, Substantive, die auf **-a** enden, meist weiblich.
  Substantive, die auf **-or, -aje, -l** enden, sind meist männlich.
  Substantive, die auf **-ión, -ad, -ción, -sión** und **-ud** enden, sind meist weiblich.
  Substantive, die auf **-e, -ista** oder einen Konsonanten enden, können weiblich oder männlich sein.

- Bedeutung der Substantive:

  Männlich sind:
  Wörter, die das männliche Geschlecht bezeichnen, z. B. *el padre, el hombre, el chico* usw.
  Wochentage und Monate: *el lunes, el martes; el mes de enero; el día, el mes, el año* usw.
  die meisten Namen von Flüssen, Seen, Meeren, z. B. *el Guadalquivir, el Tajo, el Mediterráneo* usw.
  die meisten Baumarten, z. B. *el roble, el almendro, el manzano* usw.

  Weiblich sind:
  Wörter, die das weibliche Geschlecht bezeichnen, z. B. *la madre, la hija, la niña* usw.
  die Namen der Buchstaben, z. B. *la a, la ene, la pe* usw.
  viele Obst- und Gemüsesorten, z. B.: *la fresa, la cebolla, la col* usw.

Die Pluralbildung

maskulin		feminin	
el chico	*der Junge*	la chica	*das Mädchen*
el estudiante	*der Student*	la estudiante	*die Studentin*
el dentista	*der Zahnarzt*	la dentista	*die Zahnärztin*
el autobús	*der Bus*	la canción	*das Lied*
el paisaje	*die Landschaft*	la cantidad	*die Menge*
el hotel	*das Hotel*	la luz	*das Licht*

Aber keine Regel ohne Ausnahme!

- weibliche Sustantive auf *-o*: *la foto, la radio, la mano, la moto*
- männliche Substantive auf *-a*: *el día, el tema, el problema*

1.2 Die Pluralbildung der Substantive
oder *Mehr an der Zahl*

Der Plural der Substantive wird folgendermaßen gebildet:

An Substantive, die auf einem Vokal enden, hängt man ein **-s** an.
An Substantive, die auf einem Konsonanten enden, hängt man **-es** an.

Vokal		Konsonant	
el chico	los chicos	el hotel	los hoteles
der Junge	*die Jungen*	*das Hotel*	*die Hotels*
la dentista	las dentistas	la canción	las canciones
die Zahnärztin	*die Zahnärztinnen*	*das Lied*	*die Lieder*
la muchacha	las muchachas	el autobús	los autobuses
das Mädchen	*die Mädchen*	*der Bus*	*die Busse*
el paisaje	los paisajes	la cantidad	las cantidades
die Landschaft	*die Landschaften*	*die Menge*	*die Mengen*
el número	los números	la luz	las luces
die Nummer	*die Nummern*	*das Licht*	*die Lichter*

Der bestimmte und unbestimmte Artikel

 Beachten Sie die Schreibweise!

Substantive, die auf **-z** enden, bilden den Plural auf **-ces**! Z. B. *la lu**z** – las lu**ces**, el pe**z** – los pe**ces***.

1.3 Die Formen des bestimmten und unbestimmten Artikels
oder *Ein Substantiv steht selten allein*

Ein Substantiv steht selten alleine. Es wird in der Regel von einem Artikel begleitet. Wie wichtig die Artikel sind, zeigt Ihnen die kurze Geschichte von Sancho.

Por la calle

Auf der Straße

Polizist: Na gut, und für wen, sagten Sie, arbeiten Sie?
Sancho: Nun, für einen sehr ehrenwerten Herrn.
Polizist: Und wer ist dieser Herr?
Sancho: Also, bei uns im Dorf nennt man ihn den Quijote von der Mancha.
Polizist: Hören Sie, nehmen Sie mich bloß nicht auf dem Arm; ich habe langsam genug (wörtlich: ich bin sehr müde).

Bestimmter und unbestimmter Artikel richten sich in Geschlecht und
Zahl nach dem Substantiv, auf das sie sich beziehen.

	maskulin	feminin
Singular	**el/un** maest**ro**	**la/una** maest**ra**
	der/ein Lehrer	*die/eine Lehrerin*
Plural	**los/unos** maest**ros**	**las/unas** maest**ras**
	die/– Lehrer	*die/– Lehrerinnen*

1.4 Der Gebrauch des Artikels
oder *La señora Gómez*

Der Artikel steht vor einem Substantiv oder Wort, das die Funktion des
Substantivs übernimmt, um Geschlecht und Zahl zu definieren. Der
Artikel ist bestimmt oder unbestimmt, wie im Deutschen.

Ein paar Besonderheiten im Gebrauch des Artikels sollten Sie
beachten!

- Im Unterschied zum Deutschen hat der unbestimmte Artikel im
  Spanischen einen Plural, **unos**, **-as**, der eine unbestimmte Menge
  bezeichnet. Im Deutschen wird er entweder nicht übersetzt oder mit
  »einige«, »ein paar« wiedergegeben. Vor Zahlen bedeutet **unos**, **-as**
  »ungefähr«.

*Carlos tendrá **unos** treinta años,*   *Carlos ist wohl **ungefähr***
supongo.   *dreißig Jahre alt.*

Achten Sie auf die Anrede!

Wenn Sie über eine Person sprechen, dann müssen Sie vor **señor, señora,
señorita** den bestimmten Artikel setzen. Nicht aber in der direkten
Anrede, da wird kein Artikel verwendet.

Der Artikel: Übung

La señora Enriqueta Sánchez es arquitecta.
¿Cómo se encuentra hoy, señor Alonso?

Frau Enriqueta Sánchez ist Architektin.
Wie geht es Ihnen heute, Herr Alonso?

Es folgen noch ein paar Sonderfälle:

- ¿Es usted **la** señora Ramos? Sind Sie Frau Ramos?
- **Los** señores Zamora. Herr und Frau Zamora.

Alles klar? Dann sind jetzt die Übungen dran!

ÜBUNG 1 *

Auf den folgenden Straßenschildern sind die Artikel nicht zu erkennen. Können Sie die fehlenden Artikel ergänzen?

___ estación de autobuses	___ Ayuntamiento	___ jardines del Alcázar
___ centro de la ciudad	___ Judería	___ Catedral
___ ruinas de Itálica	___ Torre del Oro	

*Die hoch gestellten Ziffern in den Übungen verweisen auf Erklärungen zum Vokabular am Ende der Übungen. Die Lösungen zu den Übungen finden Sie im Anhang.

Der Artikel: Übung

ÜBUNG 2 — Die Reiseleiterin unterhält sich mit den Touristen. Helfen Sie ihr, wo nötig, die Artikel zu setzen.

1. _____ señora Frascati, por favor, pase por aquí. La entrada al museo está aquí.

    – Ah, muchas gracias.

2. Perdón, _____ señora, ¿ es usted _____ señora Klein?

    – Sí, _____ señora.

3. ¿Y de dónde es _____ señor Müller?

    – Es de Hamburgo, en el norte de Alemania.

4. ¿En qué trabaja, _____ señor Lautrec?

    – Soy cocinero, trabajo en _____ hotel.

    – Qué interesante, y ¿en qué hotel?

    – En _____ Hotel Imperial en París.

5. ¿Son ustedes _____ señores Menciewicz?

    – Sí, somos nosotros.

6. ¿Tiene usted hijos, _____ señor Brown?

    – Sí, tengo dos. Mi hijo mayor tiene 21 años y estudia en _____ Universidad de Cambridge. _____ pequeño todavía está en _____ colegio.

2 Das Adjektiv
oder

Sachen und Personen beschreiben

La mujer perfecta

Die perfekte Frau

Don Quijote: Dulcinea ist die perfekte Frau: Sie ist fleißig, intelligent, finanziell unabhängig und natürlich unheimlich schön.
Sancho: Und ich dachte, solche Frauen gäbe es nur in Zeitschriften!

2.1 Die Formen des Adjektivs und die Pluralbildung
oder *Anpassen heißt die Devise*

Ohne Adjektive keine Farbe, keine Bilder, keine Geschmäcker. Können Sie sich die Stadt Sevilla nur in Schwarz und Weiß vorstellen? Was für ein trostloser Anblick!
Fangen wir daher gleich mit den Formen an:

- Adjektive richten sich in Geschlecht und Zahl immer nach dem Substantiv, zu dem sie gehören. Im Spanischen enden die meisten Adjektive in der männlichen Form auf **-o**, in der weiblichen Form auf **-a**. Adjektive, die in der männlichen Form *nicht* auf **-o** enden, sind meistens unveränderlich. Manche Adjektive auf **-e**, **-l** und **-n** haben für beide Geschlechter nur eine Form.

Die Pluralbildung der Adjektive erfolgt wie bei den Substantiven:

- Adjektive, die auf einem Vokal enden, bilden den Plural auf **-s**. Adjektive, die auf einem Konsonanten enden, bilden den Plural auf **-es**.

	maskulin	feminin
Singular	un traje negr**o** *ein schwarzer Anzug*	una falda negr**a** *ein schwarzer Rock*
Plural	unos trajes negro**s** *ein paar schwarze Anzüge*	unas faldas negra**s** *ein paar schwarze Röcke*
Singular	un traje verd**e** *ein grüner Anzug*	una falda verd**e** *ein grüner Rock*
Plural	unos trajes verde**s** *ein paar grüne Anzüge*	unas faldas verde**s** *ein paar grüne Röcke*

	maskulin	feminin
Singular	un traje azu**l** *ein blauer Anzug*	una falda azu**l** *ein blauer Rock*
Plural	unos trajes azul**es** *ein paar blaue Anzüge*	unas faldas azul**es** *ein paar blaue Röcke*

Adjektive, die auf einen Konsonanten enden und die Nationalität beschreiben, bilden die weibliche Form, indem an die männliche Form *-a*, *-as* angehängt wird:

español	*española*
alemán	*alemana*
francés	*francesa*
inglés	*inglesa*

Es gibt aber Ausnahmen, bei denen die männliche und weibliche Form identisch sind. Hier einige Beispiele:

- *el/la belga* — *los/las belgas*
- *el/la hindú* — *los/las hindúes*
- *el/la árabe* — *los/las árabes*
- *el/la israelí* — *los/las israelíes*

2.2 Die Stellung des Adjektivs oder *Davor oder dahinter?*

Adjektive stehen im Spanischen meist hinter dem Substantiv:

*Sevilla es una ciudad **moderna**.*   Sevilla ist eine moderne Stadt.

Manchmal werden sie dem Substantiv auch vorangestellt. Auf diese Sonderfälle wollen wir etwas näher eingehen:

- ***mucho, poco, otro*** werden immer vorangestellt:

Hoy tengo mucho trabajo.	Heute habe ich viel Arbeit.
Hay poca gente en el restaurante.	Es sind wenig Leute im Restaurant.
No quiero otro periódico.	Ich will keine andere Zeitung.

- Ordnungszahlen stehen sowohl vor als auch hinter dem Substantiv:

Tome la segunda calle a la derecha.	Nehmen Sie die zweite Straße rechts.
Vivo en el piso segundo.	Ich wohne im zweiten Stock.

- Im literarischen Sprachgebrauch werden Adjektive als Stilmittel vorangestellt:

¡Oh fría nieve! — *Oh, kalter Schnee!*

 Je nachdem, ob ein Adjektiv vor oder hinter einem Substantiv steht, kann es seine Bedeutung verändern:

un hombre pobre	*ein armer Mann (ohne Geld)*
un pobre hombre	*ein armer Mann (bedauernswert)*
un hombre grande	*ein großer Mann (Statur)*
un gran hombre	*ein großer Mann (bedeutend)*

2.3 Abgekürzte Formen
oder *Kürzer geht's nicht*

Einige Adjektive verlieren vor männlichen Substantiven ihre Endung *-o*:

- *bueno: buen*
- *malo: mal*
- *alguno: algún*
- *ninguno: ningún*
- *primero: primer*
- *tercero: tercer*

Das Adjektiv **grande** verliert seine Endung sowohl vor männlichen als auch vor weiblichen Substantiven.

- Montserrat Caballé es una **gran** cantante. — *Montserrat Caballé ist eine große Sängerin.*

2.4 Die Steigerung des Adjektivs
oder *Schön, schöner, am schönsten*

Una comida exquisita

Ein ausgezeichnetes Essen

*Don Quijote: Und wie hat dir das Mittagessen geschmeckt, Sancho?
Sancho: Die kalte Gemüsesuppe war köstlich, fast so gut wie die von meiner Frau. Der Wein hingegen war stärker als der, den wir vor ein paar Tagen in Valladolid getrunken haben. Ansonsten war das Essen ausgezeichnet.*

2.5 Der Vergleich
oder *Über Geschmack lässt sich streiten*

Wie heißt es so schön auf Spanisch? *En cuestión de gustos no hay nada escrito.*[1] Da sich über Geschmack bekanntlich streiten lässt, sollten Sie im Falle eines Falles wissen, wie man das tut.

---

[1] In Geschmacksfragen gibt es nichts Schriftliches, d. h. über Geschmack lässt sich streiten.

Der Vergleich

2.5.1 Gleichheit

Die beiden wichtigsten Konstruktionen, um im Spanischen die Gleichwertigkeit von Sachen oder Personen auszudrücken, sind **tan ... como** und **igual de ... que**.

> Ella es **tan** interesante **como** su hermana.
> Ella es **igual de** interesante **que** su hermana.
>
> *Sie ist genauso interessant wie ihre Schwester.*

2.5.2 Der Komparativ

Im Spanischen können wir zwei Gegenstände oder Personen bei Verschiedenheit mit zwei Ausdrücken vergleichen: **más ... que** (mehr als) und **menos ... que** (weniger als).

> Las cifras de venta son **más** altas **que** las del año pasado.
> Este año hemos tenido **menos** pérdidas **que** el año anterior.
>
> *Die Verkaufszahlen sind höher als die vom letzten Jahr.*
> *Dieses Jahr hatten wir weniger Verluste als im vergangenen Jahr.*

Es gibt Adjektive wie **bueno** (gut) und **malo** (schlecht), die eigene Steigerungsformen haben: **mejor** (besser) und **peor** (schlechter). Bei **grande** (groß) und **pequeño** (klein) gibt es zwei gleichberechtigte Steigerungsformen:
más grande/mayor (größer) und **más pequeño/menor** (kleiner):

> Este vino es **mejor** que el otro.
> *Dieser Wein ist besser als der andere.*
>
> La primera película es **peor** que la segunda.
> *Der erste Film ist schlechter als der zweite.*
>
> Mi habitación es **más grande/mayor** que la tuya.
> *Mein Zimmer ist größer als deines.*
>
> Tu coche es **más pequeño/menor** que el de tu padre.
> *Dein Auto ist kleiner als das deines Vaters.*

Der Vergleich

 Mayor und **menor** werden hauptsächlich für Altersangaben verwendet.

Pedro es **mayor** que Pablo. *Pedro ist älter als Pablo.*
Ana es **menor** que Rosa. *Ana ist jünger als Rosa.*

2.5.3 Der Superlativ

Der Superlativ wird ganz einfach gebildet: Man setzt den bestimmten Artikel vor die Steigerungsform und – fertig!

Es **la** catedral **más alta** de España.	*Das ist die höchste Kathedrale Spaniens.*
Es **la** ciudad **menos interesante** que he visto en mi vida.	*Das ist die am wenigsten interessante Stadt, die ich je gesehen habe.*
Nuestro equipo es **el mejor**.	*Unser Team ist das beste.*

Der absolute Superlativ auf **-ísimo** bezeichnet einen sehr hohen Grad einer Eigenschaft, der auf Deutsch mit »außerordentlich, höchst, sehr« u. ä. wiedergegeben wird.

ÜBUNG 3 Herr Manolo Moreno und Frau Pepa Martínez, beide Bewohner eines alten Madrider Viertels, unterhalten sich über eine Bekanntschaft, die wieder im Viertel ist. Füllen Sie die Lücken durch folgende Adjektive:

pequeña[1] **inglés** **atractiva** **francés**
  azules **rubia**[2] **ninguna** **tercer**

1. ¿Sabes que Manuela, la hija _____ de la señora Emilia, vive de nuevo en el barrio?

2. ¿Qué Manuela, Pepa? No conozco a _____ Manuela.

[1] klein, hier: jung   [2] blond

Das Adjektiv: Übungen

3. *Sí, hombre, una chica delgada que vivía en el _____ piso de la calle de la Asunción.*

4. *¿Aquella que se casó con un chico _____ de Londres?*

5. *No. Se casó con un chico _____ de París.*

6. *Pues no caigo. ¿Era morena o _____ ?*

7. *Morena y tiene los ojos _____*

8. *¡Ya sé quién es! Una chica muy _____ , Manuela.*

ÜBUNG 4
Vergleichen Sie die angegebenen Gegenstände und Personen:

1. *La catedral vieja es alta. La catedral nueva es muy alta.*

2. *La novela policíaca no es buena. La novela de aventuras es muy buena.*

3. *Sara trabaja bien. Ana trabaja muy bien.*

4. *Pedro es simpático. Roberto es simpático.*

5. *Ana es rubia. Elena es muy rubia.*

6. *El vino tinto es malo. El vino rosado es bueno.*

3 Das Präsens und das *Gerundio*

<u>oder</u>

Über die Gegenwart sprechen und über Dinge reden, die gerade geschehen

Eine brillante Karriere

*Sancho: Und weiß mein Herr, was aus der Herrin Dulcinea geworden ist?
Don Quijote: Du glaubst es nicht, Sancho. Dulcinea ist die Chefin einer sehr bekannten Restaurantkette in Madrid. Das Mädchen ist dabei, Karriere zu machen. Wer hätte das gedacht! ...*

Die Formen des Präsens

Spricht man über die Gegenwart, wird auf Spanisch normalerweise das Präsens benutzt: *¿Hablas español? Dulcinea trabaja en un restaurante.*[1] Wenn eine Handlung, die gerade vor sich geht, beschrieben wird, verwendet man das *Gerundio*: *Ella está trabajando ahora en un supermercado.*[2]

3.1 Die Formen des Präsens: regelmäßige und unregelmäßige *oder* Keine Regel ohne Ausnahme

Die spanischen Verben werden in drei Konjugationsgruppen unterteilt, je nach ihrer Infinitivendung auf *-ar*, *-er* oder *-ir* (trabaj-ar, beb-er, viv-ir). Die Endungen für die jeweilige Person und Konjugationsgruppe werden an den Verbstamm angehängt.

	Verben auf *-ar* trabajar *arbeiten*	Verben auf *-er* beber *trinken*	Verben auf *-ir* vivir *leben, wohnen*
yo	trabaj**o**	beb**o**	viv**o**
tú	trabaj**as**	beb**es**	viv**es**
él, ella, usted	trabaj**a**	beb**e**	viv**e**
nosotros, -as	trabaj**amos**	beb**emos**	viv**imos**
vosotros, -as	trabaj**áis**	beb**éis**	viv**ís**
ellos, -as, ustedes	trabaj**an**	beb**en**	viv**en**

3.1.1 Gruppe e→ie

Auch die unregelmäßigen Verben lassen sich im Präsens in Gruppen einteilen. In der Gruppe e → ie wird bei einigen Personen das **e** der Stammsilbe zu **ie**.

---

[1] Sprichst du Spanisch? Dulcinea arbeitet in einem Restaurant.
[2] Sie arbeitet jetzt in einem Supermarkt.

Die Formen des Präsens

	cerrar *schließen*	**entender** *verstehen*	**preferir** *bevorzugen*
yo	cierro	entiendo	prefiero
tú	cierras	entiendes	prefieres
él, ella, usted	cierra	entiende	prefiere
nosotros, -as	cerramos	entendemos	preferimos
vosotros, -as	cerráis	entendéis	preferís
ellos, -as, ustedes	cierran	entienden	prefieren

Weitere wichtige Verben dieser Gruppe:

pensar *denken* – empezar *anfangen* – querer *wollen* – sentir *fühlen*

3.1.2 Gruppe o→ue

Auch in dieser Gruppe verändern sich die Formen des Singulars und der 3. Person Plural. Diesmal wird das **o** zu **ue**.

	volar *fliegen*	**poder** *können*	**dormir** *schlafen*
yo	vuelo	puedo	duermo
tú	vuelas	puedes	duermes
él, ella, usted	vuela	puede	duerme
nosotros, -as	volamos	podemos	dormimos
vosotros, -as	voláis	podéis	dormís
ellos, -as, ustedes	vuelan	pueden	duermem

Weitere wichtige Verben dieser Gruppe:

acostarse *zu Bett gehen* – contar *zählen, erzählen* – costar *kosten*

3.1.3 Gruppe e→i

In den stammbetonten Formen wird **e** zu **i**.

	pedir *bitten, bestellen*
yo	pido
tú	pides
él, ella, usted	pide
nosotros, -as	pedimos
vosotros, -as	pedís
ellos, -as, ustedes	piden

Weitere wichtige Verben dieser Gruppe:

servir dienen, bedienen – repetir wiederholen – vestirse sich anziehen – seguir folgen – reírse (de) lachen (über)

3.1.4 Gruppe mit –g– in der Ich-Form

	poner *stellen*	***hacer*** *machen*	***salir*** *hinausgehen*	***valer*** *wert sein*
yo	pongo	hago	salgo	valgo
tú	pones	haces	sales	vales
él, ella, usted	pone	hace	sale	vale
nosotros, -as	ponemos	hacemos	salimos	valemos
vosotros, -as	ponéis	hacéis	salís	valéis
ellos, -as, ustedes	ponen	hacen	salen	valen

Die Formen des Präsens

3.1.5 Gruppe mit –g– in der Ich-Form und Veränderung e→ie

	tener *haben*	**venir** *(her)kommen*
yo	ten**g**o	ven**g**o
tú	t**ie**nes	v**ie**nes
él, ella, usted	t**ie**ne	v**ie**ne
nosotros, -as	tenemos	venimos
vosotros, -as	tenéis	venís
ellos, -as, ustedes	t**ie**nen	v**ie**nen

3.1.6 Gruppe mit der Veränderungen -c→-zc

In der ich-Form erhalten diese Verben ein **z** vor dem **c**.

	conocer *kennen, kennen lernen*
yo	cono**zc**o
tú	conoces
él, ella, usted	conoce
nosotros, -as	conocemos
vosotros, -as	conocéis
ellos, -as, ustedes	conocen

Weitere wichtige Verben dieser Gruppe:

parecer scheinen – *ofrecer anbieten, geben* – *nacer geboren werden, entstehen* – *traducir übersetzen*

3.2 Der Gebrauch des Präsens
oder *Zwischen Vergangenheit und Zukunft*

Das Präsens wird in den folgenden Situationen verwendet:

- um über Tatsachen zu informieren:

| El portavoz del Gobierno **se llama** Llanos. | Der Regierungssprecher heißt Llanos. |
| Salamanca **es** una ciudad en el oeste de España. | Salamanca ist eine Stadt im Westen Spaniens. |

- um über Handlungen und Ereignisse, die in der Gegenwart stattfinden, zu berichten:

| Pedro **trabaja** de profesor en un colegio. | Pedro arbeitet in einer Schule als Lehrer. |

- um nahe zukünftige Tatsachen zu beschreiben:

| Mañana **vamos** al cine. | Morgen gehen wir ins Kino. |

- um regelmäßig wiederkehrende Handlungen und allgemeine Sachverhalte wiederzugeben:

| Siempre **comemos** a las tres de la tarde. | Wir essen zu Mittag immer um drei Uhr. |

3.3 Die Formen des *Gerundio*
oder *Spielend lernen*

Verglichen mit dem Präsens ist das *Gerundio* ein Kinderspiel, denn es kennt nur zwei Endungen: **-ando** und **-iendo**. Das *Gerundio* wird gebildet, indem man diese Endungen an den Verbstamm anhängt. Das geht so:

trabajar *arbeiten*	**beber** *trinken*	**vivir** *leben, wohnen*
traba**jando**	beb**iendo**	viv**iendo**

treinta y tres **33**

Natürlich gibt's auch hier ein paar Unregelmäßigkeiten:

e → i	*o → u*	*-iendo → -yendo*
pedir = **pidiendo**	poder = **pudiendo**	ir = **yendo**
venir = **viniendo**	dormir = **durmiendo**	leer = **leyendo**
decir = **diciendo**		creer = **creyendo**

3.4 Der Gebrauch des *Gerundio* oder *Wenn man hart arbeitet...*

Mit dem *Gerundio* werden Handlungen beschrieben,

- die gerade stattfinden:

> El tren **está llegando**. — *Der Zug kommt gerade an.*

Das *Gerundio* kann man auch ohne das Verb *estar* verwenden. Es wird dann im Deutschen in der Regel durch einen Nebensatz wiedergegeben.

> **Trabajando** duro se consigue todo. — *Wenn man hart arbeitet, kann man alles erreichen.*

- die eine Dauer oder Fortsetzung ausdrücken:

> España **sigue viviendo** un buen momento. — *Spanien erlebt weiter eine gute Zeit.*

- die gleichzeitig verlaufen:

> Entró en la oficina **cantando**. — *Er trat ins Büro und sang dabei.*

- die in der Gegenwart Ungeduld oder Irritation ausdrücken:

> ¡Ya **estás leyendo** otra vez! — *Du bist schon wieder am Lesen!*

Gewohnheitsmäßige Handlungen

Die Personalpronomen stehen entweder vor dem konjugierten Verb oder sie werden an das *Gerundio* angehängt. In diesem Fall bekommt das *Gerundio* einen Akzent:

La enferma **se está recuperando**. *Die kranke Frau erholt sich.*
La enferma **está recuperándose**.

3.5 Gewohnheitsmäßige Handlungen in der Gegenwart beschreiben oder *Gewöhnlich tue ich nichts*

- Präsens des Verbs soler[1] + Infinitiv

Los martes por las mañanas **suelo ir** a nadar. *Dienstag Morgen gehe ich gewöhnlich schwimmen.*

- *generalmente/habitualmente* + Präsens

Generalmente no como carne, pero no soy vegetariana. *Ich esse in der Regel kein Fleisch, aber ich bin nicht Vegetarierin.*

ÜBUNG 5 Ergänzen Sie die Lücken durch die richtige Verbform. Wenn Sie diesen Test erfolgreich abschließen, sind Sie auf dem besten Weg zum Spanisch-Profi!

– *Perdone, estamos haciendo un reportaje sobre el turismo en España. ¿Nos permite hacerle unas preguntas?*

– *¿Yo? Bueno, no sé. Mi español no es muy bueno.*

– *¿De dónde es usted?*

– *Soy de Alemania y (vivir) ~~viviendo~~ en un pueblo en el sur de Baviera.*

– *¿Y qué le parecen los españoles?*

---

[1] soler gehört zu der Gruppe der unregelmäßigen Verben o → ue

Präsens und *Gerundio:* Übungen

– (opinar) _____ que los españoles (vivir) _____ mejor que nosotros los alemanes. Yo por ejemplo (trabajar) _____ en Alemania durante todo el día, apenas (tener) _____ tiempo para poder ir a comer, o para ver a mis amigos.

– ¿(Creer) _____ usted que los españoles (trabajar) _____ poco?

– No, no. Al contrario, (pensar) _____ que saben organizarse mejor. Ellos (poder) _____ combinar mejor la vida privada con la vida profesional.

– ¿Qué piensa sobre la comida española?

– ¡Oh! Las tapas son deliciosas. Siempre (pedir) _____ un par de ellas. Es una idea estupenda.

ÜBUNG 6 Schreiben Sie auf, was folgende Personen gerade tun.

1. Eine Frau beim Lesen eines Krimis.
2. Ein Mann beim Einkaufen.
3. Ein Paar beim Tennisspielen.
4. Zwei Jugendliche beim Fernsehen (Fussball).
5. Eine Frau beim Schminken.
6. Ein Mann beim Paellakochen.

1. Sandra (leyendo) una novela policíaca. 2. Jorge (comprando) en el supermercado. 3. Andrea y Simón (jugando) un partido de tenis. 4. Alberto y Carlos (viendo) en la televisión un partido de fútbol. 5. Ana se (maquillando). 6. Roberto (cocinando) una paella.

4 Die Verben *ser* – *estar* und die Form *hay*
oder
Über Sein und Existenz sprechen

Ser o no ser

Sein oder nicht sein

Don Quijote: Sein oder nicht sein, das ist die Frage!
Sancho: Tja, so weit sind wir schon, jetzt wird er philosophisch!

Es geht hier zwar nicht um Philosophie, aber durchaus um Sein und Nichtsein: Angaben über Beruf, persönliche Daten, Beschreibungen von Orten, Sachen und Personen werden auf Deutsch mit dem Verb *sein*

Die Formen und der Gebrauch von *ser* und *estar*

ausgedrückt. Im Spanischen gibt es dafür zwei verschiedene Verben, **ser** und **estar**. Und als ob damit nicht genug wäre, kommt auch noch die unpersönliche Form **hay** ins Spiel. Das kommt Ihnen Spanisch vor?

4.1 Die Formen der Verben *ser* und *estar* oder *Ich bin, du bist...*

	estar *sich befinden, liegen, sitzen, stehen, sein*	**ser** *sein*
yo	estoy	soy
tú	estás	eres
él, ella, usted	está	es
nosotros, -as	estamos	somos
vosotros, -as	estáis	sois
ellos, -as, ustedes	están	son

4.2 Der Gebrauch von *ser* und *estar* oder *Sein ist nicht Sein*

Normalerweise drückt man mit **estar** vorübergehende Handlungen und Zustände aus; **ser** dagegen verwendet man für alles, was dauerhaft ist.

ser wird verwendet

- zur Angabe von Herkunft, Nationalität und Religion:

    Ana **es** de Buenos Aires.   *Ana ist aus Buenos Aires.*

- für Berufsangaben:

    Soy secretaria de dirección.   *Ich bin Chefsekretärin.*

- zur Beschreibung äußerer Merkmale und Charaktereigenschaften:

    Ella **es** rubia.   *Sie ist blond.*

38 treinta y ocho

Der Gebrauch von *ser* und *estar*

- für Zustandsbeschreibungen:

| **Es** una oficina soleada. | *Es ist ein helles Büro.* |

- zur Äußerung subjektiver Meinungen:

| ¡**Es** increíble! ¡No me lo puedo creer! | *Es ist unglaublich! Ich kann es nicht fassen!* |

- in Definitionen:

| Sevilla **es** una ciudad andaluza. | *Sevilla ist eine andalusische Stadt.* |

- zur Angabe von Tag und Uhrzeit:

| Hoy **es** martes. | *Heute ist Dienstag.* |
| **Son** las dos. | *Es ist zwei Uhr.* |

- mit der Präposition *de* zur Angabe des Besitzes und des Stoffes:

| Este libro **es de** Pedro. | *Dieses Buch gehört Pedro.* |
| El vestido **es de** lana. | *Das Kleid ist aus Wolle.* |

- zur Zahlenangabe:

| ¿Cuántas rosas **son**? **Son** quince. | *Wie viele Rosen sind es? Es sind fünfzehn.* |

estar wird verwendet

- für Ortsangaben:

| **Estoy** de viaje de negocios en Madrid. | *Ich bin in Madrid auf Geschäftsreise.* |

- zur Beschreibung des persönlichen Befindens:

| Hoy **estoy** fatal. | *Heute fühle ich mich schrecklich.* |

treinta y nueve

- zur Beschreibung eines vorübergehenden Zustandes:

    Estoy enfermo desde hace dos días.   *Ich bin krank seit zwei Tagen.*

- zur Bewertung (von Speisen und Getränken):

    La paella **está** fantástica.   *Die Paella schmeckt fantastisch.*

- zur Angabe des Familienstandes:

    Estoy casado.   *Ich bin verheiratet.*

- zur Angabe von An- oder Abwesenheit:

    El Sr. Ortega no **está**.   *Herr Ortega ist nicht da.*

Mit **ser** + Adjektiv werden dauerhafte und wesentliche Eigenschaften beschrieben, **estar** + Adjektiv dagegen drückt Gefühle und Befinden aus.

Es gibt Adjektive, die nur mit **ser** vorkommen: **inteligente** (intelligent), **responsable** (verantwortungsvoll), **trabajador** (fleißig), **aplicado** (strebsam) und solche, die nur mit **estar** vorkommen: **ocupado** (beschäftigt), **enfermo** (krank), **preocupado** (besorgt), **contento** (zufrieden). Manche Adjektive verändern ihre Bedeutung, je nachdem, ob sie mit **ser** oder mit **estar** verwendet werden. Hier ist besondere Vorsicht geboten!

ser aburrido	*langweilig sein*	**estar aburrido**	*sich langweilen*
ser cansado	*anstrengend sein*	**estar cansado**	*müde sein*
ser listo	*schlau sein*	**estar listo**	*fertig sein*
ser libre	*frei sein*	**estar libre**	*nicht besetzt sein*
ser abierto	*offen, aufgeschlossen sein*	**estar abierto**	*offen, geöffnet sein*
ser cerrado	*verschlossen, zugeknöpft sein*	**estar cerrado**	*geschlossen sein*

4.3 Die unpersönliche Verbform *hay* oder *Es gibt*

De senderismo

Auf Wanderschaft

Don Quijote: Entschuldigen Sie, mein Herr, wissen Sie, wo es hier nach Los Molinos geht?
Hirte: Ja klar, zuerst müssen Sie rechts abbiegen, dann links und an dem Weg, der neben der kalten Quelle einmündet, biegen Sie wieder links ab.
Sancho: Ja, ja. Und gibt es dort auch eine Wirtschaft, wo man sich stärken kann? Ich habe nämlich schon Hunger.

Wir haben gelernt, dass **estar** »sich befinden«, »irgendwo sein«, »liegen« oder »stehen« bedeuten kann. Es gibt jedoch noch eine andere Verbform, um die Position einer Person oder eines Gegenstandes im Raum zu beschreiben: **hay**, die unpersönliche Präsensform des Hilfsverbs **haber** (haben). **Hay** bleibt im Präsens immer unverändert und bedeutet »es gibt, da ist, da sind«.(In allen anderen Zeiten deckt sich diese Form mit der 3. Person Singular: **había, hubo, ha habido, habrá, habría, ha habido, haya, hubiera/ese**.)

4.4 Der Gebrauch von *estar* und *hay* oder *Es ist und es gibt*

- **Hay** wird verwendet, wenn der Sprecher einen Gegenstand oder eine Person einführen will, der bzw. die noch nicht genannt wurde:

Perdone, por favor, ¿sabe dónde **hay** un restaurante por aquí cerca?	*Entschuldigen Sie bitte, wissen Sie, wo es hier in der Nähe ein Restaurant gibt?*

- **Estar** wird verwendet, wenn der Sprecher auf etwas bereits Bekanntes Bezug nimmt:

¿Dónde **está** la iglesia de San Antonio, por favor?	*Wo befindet sich die Kirche San Antonio, bitte?*

Werden wir noch ein bisschen konkreter:
estar wird verwendet:

- mit den bestimmten Artikeln **el, la, los, las**:

La iglesia **está** cerca de la Plaza Mayor.	*Die Kirche befindet sich in der Nähe der Plaza Mayor.*

- mit den Personalpronomen: **yo, tú, el, ella** usw.:

(Yo) **estoy** en el bar de la esquina.	*Ich bin in der Bar an der Ecke.*

- mit den Demonstrativprononomen: **este, esta, ese, esa, aquel, aquella**:

Ese libro **está** encima de la mesa.	*Dieses Buch befindet sich auf dem Tisch.*

- mit den Possessivpronomen: **mi, tu, su** usw.:

Mi casa **está** cerca del mar.	*Mein Haus liegt unweit vom Meer.*

ser – estar und *hay:* Übung

hay wird verwendet:

- mit den unbestimmten Artikeln: **un, una, unos, unas**:

  | En la ciudad **hay** sólo un museo. | *In der Stadt gibt es nur ein Museum.* |

- mit Zahlen:

  | En Salamanca **hay** dos catedrales. | *In Salamanca gibt es zwei Kathedralen.* |

- mit Sammelbezeichnungen wie **gente** (Leute), **agua** (Wasser):

  | En la playa **hay** mucha gente. | *Am Strand sind viele Leute.* |

- mit den Indefinitpronomen **mucho, poco, nada, todo, alguien, nadie, ninguno, otro**:

  | En verano **hay** muy poca gente en Madrid. | *Im Sommer sind nur wenig Leute in Madrid.* |

ÜBUNG 7 Nach vergeblichen Versuchen, eine passende Frau zu finden, entscheidet sich Don Quijote für eine Heiratsanzeige. Setzen Sie die richtige Form von **ser** oder **estar** ein:

Yo _____ una persona un poco tímida y no me gusta ser el centro de atención. Mi compañero de viajes, Sancho, dice que _____ demasiado callado y que eso no _____ bueno, pero yo creo que él _____ muy exagerado. Los libros _____ mi pasión. Los que más me gustan _____ los libros de aventuras. Mi biblioteca _____ llena de ellos. Mi mejor amigo _____ Sancho. Con él recorro toda España en busca de aventuras. Esta semana _____ en Madrid en busca de un grupo de villanos disfrazados de turistas[1].

[1] als Touristen verkleidete Bauern

ser – estar und *hay:* Übung

ÜBUNG 8

Unsere Touristengruppe hat sich verfahren. Helfen Sie ihr weiter! Kreuzen Sie die passende Antwort an.

1. Por favor, ¿dónde está la Plaza de la Mercedes?

a Déjeme pensar. Sí, la Plaza está a la derecha del Teatro Nacional.
b En la Plaza hay una fuente barroca.
c Lo siento. No sé dónde hay una plaza.

2. ¿Hay una oficina de turismo por aquí cerca, por favor?

a La oficina de turismo está bastante cerca.
b Pues no lo sé. Pregunte a un guardia.
c No, la próxima parada de autobuses está a tres kilómetros.

3. ¿Dónde hay una cabina de teléfono, por favor?

a Sí, tienes razón. ¿Qué te parece si hacemos una excursión en tren?
b Ahí mismo, enfrente de la Catedral.
c ¿Cuánto tiempo tardaremos en llegar?

5 Das Perfekt, das *Indefinido*, das Imperfekt und das Plusquamperfekt
oder

Über die Vergangenheit sprechen

Mit den Vergangenheitszeiten berichten wir über schon Erlebtes. Während das Deutsche nur drei Vergangenheitsformen kennt – Perfekt, Imperfekt und Plusquamperfekt – ist in der spanischen Sprache eine weitere Zeit sehr gebräuchlich: das *Indefinido*. Im Gegensatz zum Deutschen gibt es im Spanischen zudem strenge Regeln für den Gebrauch der grammatikalischen Zeiten.

Aquellos eran otros tiempos

Das Perfekt

Das waren noch Zeiten

Don Quijote: Und was hast du heute den ganzen Tag gemacht, Sancho?
Sancho: Heute war ich in einer Sitzung mit anderen Brokern, ich war an der Börse, ich habe unsere Aktien überprüft und ein paar Geschäfte getätigt.
Don Quijote: Wie sich die Zeiten geändert haben! Ich erinnere mich noch, wie vor ein paar hundert Jahren die Knappen ihren Herren treu ergeben waren!

5.1 Das Perfekt *(Pretérito perfecto)* oder *Vergangen, aber nicht ganz*

Das Perfekt steht für abgeschlossene Handlungen, die eng mit der Gegenwart verknüpft sind.

5.1.1 Die Formen des Perfekts

Das Perfekt wird mit dem Präsens des Hilfsverbs **haber** und dem **Partizip Perfekt** des Vollverbs gebildet.

		trabajar *arbeiten*	**beber** *trinken*	**vivir** *leben, wohnen*
yo	**he**	trabaj**ado**	beb**ido**	viv**ido**
tú	**has**	trabaj**ado**	beb**ido**	viv**ido**
él, ella, usted	**ha**	trabaj**ado**	beb**ido**	viv**ido**
nosotros, -as	**hemos**	trabaj**ado**	beb**ido**	viv**ido**
vosotros, -as	**habéis**	trabaj**ado**	beb**ido**	viv**ido**
ellos, -as, ustedes	**han**	trabaj**ado**	beb**ido**	viv**ido**

Das Partizip Perfekt endet im Spanischen normalerweise auf *-ado* (Verben der ersten Konjugation) oder auf *-ido* (Verben der zweiten und dritten Konjugation). Es kann auch wie ein Adjektiv verwendet werden und richtet sich dann in Geschlecht und Zahl nach dem Substantiv, auf das es sich bezieht.

Das Perfekt

Manche Verben bilden das Partizip Perfekt unregelmäßig:

abrir öffnen	decir sagen	escribir schreiben	romper kaputtmachen	hacer machen
abierto	**dicho**	**escrito**	**roto**	**hecho**
morir sterben	poner (hin)tun, (hin)stellen	ser sein	ver sehen	volver (um)drehen, (um)kehren
muerto	**puesto**	**sido**	**visto**	**vuelto**

Das Partizip steht häufig in Verbindung mit dem Verb *estar* und drückt das Ergebnis einer Handlung aus:

| El vestido **está roto**. | *Das Kleid ist zerrissen.* |

5.1.2 Der Gebrauch des Perfekts

Das *Pretérito perfecto* wird verwendet:

- für Handlungen, die in einem Zeitraum stattgefunden haben, der mit der Gegenwart in Verbindung steht. Signalwörter sind häufig **hoy, esta mañana, esta semana, este mes, este año** usw.:

| ¿**Has terminado** este año tus estudios? | *Hast du dieses Jahr dein Studium beendet?* |

- für Geschehnisse, die kürzlich stattgefunden haben:

| ¿Qué **has hecho** hoy?
Hoy **he visitado** el Museo del Prado. | *Was hast du heute gemacht?*
Ich habe heute den Prado besucht. |

Das einfache Perfekt

- für Handlungen in der Vergangenheit, deren Folgen für die Gegenwart unmittelbar von Bedeutung sind:

Hoy tienes mal aspecto.	*Du siehst heute nicht gut aus.*
¿Te pasa algo?	*Hast du was?*
*– Mi padre **ha muerto** hace unos días.*	*– Mein Vater ist vor ein paar Tagen gestorben.*

- wenn der Sprecher sich über etwas erkundigen will, ohne genau zu wissen, wann es stattgefunden hat:

*¿**Has estado** alguna vez en Latinoamérica?*	*Bist du jemals in Lateinamerika gewesen?*

5.2 Das einfache Perfekt *(Pretérito indefinido)* oder *Vergangen und vorbei*

En un lugar de la Mancha ...

Según su currículum nació en un lugar de la Mancha de cuyo nombre no se quiere acordar. ¿Tiene usted experiencia laboral?

Pues sí. Trabajé durante un tiempo como bibliotecario y después como salvador de doncellas en peligro y estuve un par de veces en el extranjero.

¿Y cómo son sus conocimientos de informática?

Bueno, eso lo lleva mi escudero Sancho.

Das einfache Perfekt

An einem Ort der Mancha

Personalchef: Ihrem Lebenslauf zufolge wurden Sie an einem Ort der Mancha geboren, an den Sie sich nicht erinnern wollen. Haben Sie Arbeitserfahrung?
Don Quijote: Nun, ja. Ich habe eine Zeit lang als Bibliothekar gearbeitet und dann als Retter von in Bedrängnis geratenen Jungfern und dann war ich auch ein paar Mal im Ausland.
Personalchef: Und wie steht es mit Ihren Informatikkenntnissen?
Don Quijote: Gut, das ist Sache meines Knappen Sancho.

Don Quijotes gute Beherrschung des *Indefinido* täuscht darüber hinweg, dass diese Verbform einer der Stolpersteine der spanischen Sprache ist. Aber mit ein paar Regeln und etwas Übung kriegen wir das schon hin!

> Das *Pretérito indefinido* bezeichnet eine abgeschlossene Handlung in der Vergangenheit.

5.2.1 Die Formen des *Indefinido*

	trabajar *arbeiten*	*beber* *trinken*	*vivir* *leben, wohnen*
yo	trabaj**é**	beb**í**	viv**í**
tú	trabaj**aste**	beb**iste**	viv**iste**
él, ella, usted	trabaj**ó**	beb**ió**	viv**ió**
nosotros, -as	trabaj**amos**	beb**imos**	viv**imos**
vosotros, -as	trabaj**asteis**	beb**isteis**	viv**isteis**
ellos, -as, ustedes	trabaj**aron**	beb**ieron**	viv**ieron**

Das einfache Perfekt

Unregelmäßige *Indefinido*-Formen:

	estar *sein*	***tener*** *haben*	***poner*** *(hin)legen, (hin)stellen*
yo	estu**ve**	tu**ve**	pus**e**
tú	estu**viste**	tu**viste**	pus**iste**
él, ella, usted	estu**vo**	tu**vo**	pus**o**
nosotros, -as	estu**vimos**	tu**vimos**	pus**imos**
vosotros, -as	estu**visteis**	tu**visteis**	pus**isteis**
ellos, -as, ustedes	estu**vieron**	tu**vieron**	pus**ieron**

	poder *können*	***hacer*** *machen*	***ir/ser*** *gehen/sein*
yo	pud**e**	hic**e**	**fui**
tú	pud**iste**	hic**iste**	**fuiste**
él, ella, usted	pud**o**	hiz**o**	**fue**
nosotros, -as	pud**imos**	hic**imos**	**fuimos**
vosotros, -as	pud**isteis**	hic**isteis**	**fuisteis**
ellos, -as, ustedes	pud**ieron**	hic**ieron**	**fueron**

5.2.2 Der Gebrauch des *Indefinido*

Das Indefinido wird verwendet:

- für punktuelle Handlungen in der Vergangenheit:

Llegué a casa a las tres de la mañana.
Ich kam nach Hause um drei Uhr morgens.

- für eine abgeschlossene Handlung in der Vergangenheit, die ohne Bezug zur Gegenwart ist. Das *Indefinido* steht in Verbindung mit Zeitangaben wie **ayer** (gestern), **anteayer** (vorgestern), **anoche** (letzte Nacht), **la semana pasada** (letzte Woche), **el año pasado** (letztes Jahr), Jahreszahlen:

En 1998 visité los Estados Unidos por primera vez.
Ich besuchte die Vereinigten Staaten 1998 zum ersten Mal.

- für eine abgeschlossene Folge von Handlungen oder Ereignissen:

> Ayer, a las cinco de la mañana, **me levanté** de la cama, **me duché** y **me fui** al trabajo.
>
> *Gestern um 5 Uhr früh stand ich auf, duschte und ging zur Arbeit.*

5.2.3 *Pretérito perfecto* und *Indefinido* im Vergleich

Grau ist bekanntlich alle Theorie und grün des Lebens goldner Baum: Regeln lernen ist etwas ganz anderes als Regeln anwenden. Mit den folgenden Beispielen wollen wir Ihnen die Wahl zwischen *Pretérito perfecto* und *Indefinido* etwas erleichtern.

Ana Martínez ist fertig mit ihrer Prüfung. Sie erzählt einer Freundin davon:

> ¡Por fin **terminé** los exámenes de la oposición!
> Ya es hora de que me tome unas vacaciones.[1]

Für Ana ist die Prüfungszeit vorbei. Das Ereignis wird als abgeschlossen empfunden und dargestellt.
Auch Eduardo ist mit seiner Prüfung fertig. Auf dem Heimweg erzählt er einem Freund davon:

> ¡Hoy **he hecho** por fin los exámenes de la oposición! Me han salido estupendamente.[2]

Für Eduardo hat die Prüfung noch einen direkten Bezug zur Gegenwart. Im zweiten Satz klingen die Hoffnungen an, die er an eine bestandene Prüfung knüpft. Beim Perfekt wird die Auswirkung der Handlung oder des Ereignisses auf die Gegenwart hervorgehoben.

 Die Entscheidung für die eine oder die andere Zeit hängt häufig von der Intention des Sprechers ab.

---

[1] Endlich habe ich die Prüfungen für den öffentlichen Dienst hinter mir. Nun ist es an der Zeit, dass ich mir etwas Urlaub nehme.
[2] Heute habe ich endlich meine Prüfungen für den öffentlichen Dienst gemacht. Sie sind mir ausgezeichnet gelungen.

Das Imperfekt

5.3 Das Imperfekt *(Pretérito imperfecto)* oder *Es war einmal...*

*Érase una vez**

* Don Quijote bewirbt sich als Märchenerzähler in einem Kinderheim.

Das Imperfekt

Es war einmal

Meine lieben Kinder, ich werde euch ein Märchen erzählen, das euch verzaubern wird. Es war einmal eine sehr schöne Jungfer, die Dulcinea hieß. Ihre Haut war weich wie ein Pfirsich und ihre Augen blau wie das Meer. Dulcinea arbeitete im Restaurant ihres Vaters. Aber Kinder, nicht einschlafen!
Erzieherin: Den stellen wir ganz sicher ein. Wie wunderbar, er ist das reinste Schlafmittel für die Kinder!

Geschichten und Märchen werden im Spanischen im Imperfekt erzählt.
Das Imperfekt bezeichnet einen Zustand, einen Vorgang oder eine Handlung in der Vergangenheit, ohne deren Beginn und Ende zu kennzeichnen.

5.3.1 Die Formen des Imperfekts

	trabajar *arbeiten*	**beber** *trinken*	**vivir** *leben, wohnen*
yo	trabaj**aba**	beb**ía**	viv**ía**
tú	trabaj**abas**	beb**ías**	viv**ías**
él, ella, usted	trabaj**aba**	beb**ía**	viv**ía**
nosotros, -as	trabaj**ábamos**	beb**íamos**	viv**íamos**
vosotros, -as	trabaj**abais**	beb**íais**	viv**íais**
ellos, -as, ustedes	trabaj**aban**	beb**ían**	viv**ían**

Unregelmäßige Formen:

	ser *sein*	**ir** *gehen*	**ver** *sehen*
yo	**era**	**iba**	**veía**
tú	**eras**	**ibas**	**veías**
él, ella, usted	**era**	**iba**	**veía**
nosotros, -as	**éramos**	**íbamos**	**veíamos**
vosotros, -as	**erais**	**ibais**	**veíais**
ellos, -as, ustedes	**eran**	**iban**	**veían**

Das Imperfekt

5.3.2 Der Gebrauch des Imperfekts

Das Imperfekt wird verwendet:

- für sich regelmäßig wiederholende Handlungen oder Situationen in der Vergangenheit:

| En mi época de estudiante **llegaba** a casa todas las noches a las tres de la mañana. | *In meiner Studienzeit kam ich jede Nacht um drei Uhr morgens nach Hause.* |

- für eine Handlung, die im Gang war, als eine andere eintrat. Die einsetzende Handlung steht im *Indefinido*:

| María **leía** un libro cuando **llegué** a casa. | *María las ein Buch, als ich nach Hause kam.* |

- um zu beschreiben, wie jemand oder etwas war bzw. aussah:

| El ladrón **era** alto, **tenía** el pelo castaño y **llevaba** una camisa roja. | *Der Dieb war groß, hatte braunes Haar und trug ein rotes Hemd.* |

- für parallel verlaufende und nicht abgeschlossene Handlungen in der Vergangenheit:

| Ellos **visitaban** el museo mientras nosotros **esperábamos** en el restaurante. | *Sie besuchten das Museum, während wir im Restaurant warteten.* |

5.3.3 *Indefinido* und Imperfekt im Vergleich

Die folgenden Beispiele verdeutlichen Unterschiede im Gebrauch von *Indefinido* und Imperfekt.

| **Salía** yo de la Universidad cuando me **encontré** con Ana y Juan. | *Ich verließ die Universität, als ich Ana und Juan traf.* |

Das Plusquamperfekt

- Mit dem Imperfekt wird die erste Handlung in ihrem Verlauf dargestellt. Das *Indefinido* beschreibt die einsetzende Handlung.

> *Ana **era** una compañera de la universidad. Nos **conocimos** en 1990 en una clase de literatura francesa. A Juan lo **conocía** del colegio.*
> *Ana war eine Studienkollegin. Wir lernten uns 1990 bei einer Vorlesung über französische Literatur kennen. Juan kannte ich schon aus der Schule.*

- Bei einigen Verben ändert sich die Bedeutung, je nachdem, ob man *Indefinido* oder Imperfekt verwendet:

> **la conocí:** *ich lernte sie kennen*
> **la conocía:** *ich kannte sie schon*
> **lo supe:** *ich erfuhr es*
> **lo sabía:** *ich wusste es*

5.4 Das Plusquamperfekt
(Pretérito pluscuamperfecto)
oder **Es ist schon lange her**

Das Plusquamperfekt wird auch vollendete Vergangenheit genannt und wird mit der Imperfektform von **haber** und dem Partizip gebildet.

5.4.1 Die Formen des Plusquamperfekts

		trabajar *arbeiten*	*beber* *trinken*	*vivir* *leben, wohnen*
yo		**había**	trabaj**ado**	beb**ido**	viv**ido**
tú		**habías**	trabaj**ado**	beb**ido**	viv**ido**
él, ella, usted		**había**	trabaj**ado**	beb**ido**	viv**ido**
nosotros, -as		**habíamos**	trabaj**ado**	beb**ido**	viv**ido**
vosotros, -as		**habíais**	trabaj**ado**	beb**ido**	viv**ido**
ellos, -as, ustedes	**habían**	trabaj**ado**	beb**ido**	viv**ido**

Das Plusquamperfekt

5.4.2 Der Gebrauch des Plusquamperfekts

Mit dem Plusquamperfekt beschreibt man eine Handlung, die vor einer anderen schon vergangenen Handlung stattgefunden hat.

*Esperé al tren unos minutos más, pero ya **había salido**.*

Ich wartete noch einige Minuten auf den Zug, aber der war schon abgefahren.

ÜBUNG 9 Hier gilt es, im folgenden Zeitungsartikel die Lücken richtig zu füllen: Perfekt, *Indefinido* oder Imperfekt?

Robo en el Banco Central

La pasada noche (tener) _____ lugar un robo en el Banco Central. Los ladrones (entrar) _____ por la puerta trasera del banco y (conseguir) _____ acceder a la zona de alta seguridad de éste. La sucursal (estar) _____ en esos momentos vacía, por lo cual los ladrones (tener) _____ mucho tiempo para realizar su hazaña. El director del banco (comentar) _____ el suceso en la prensa local: »Estamos muy decepcionados. Las medidas de seguridad por lo visto no (mostrar) _____ ninguna efectividad.

Es una catástrofe para nuestro banco«.

Die Vergangenheitsformen: Übungen

ÜBUNG 10 Stellen Sie sich folgende Situation vor: Sie sind zum ersten Mal auf dem Flughafen von Madrid angekommen. Die Person, die Sie abholen sollte, ist nicht da. Sie versuchen, auf eigene Faust in die Stadt zu fahren und fragen eine andere Reisende nach dem Weg. Folgender Dialog findet statt:

– Hola perdone. ¿Es usted de Madrid?
– Sí, ¿en qué puedo servirle?
– Mire. Me gustaría ir a la Calle de la Alameda. Y no sé cómo ir.
– ¿La Calle de la Alameda? ¿Tiene usted un plano a mano?
– Sí, mire. La calle está en el centro.
– Ah sí. Pues primero lo mejor es que torre el autobús que va al centro de la ciudad. Después tiene que coger esta línea de metro, y después la otra y después la otra.
– ¿No cree que es un poco complicado?
– Sí, es verdad. Mire, se me ocurre una idea. ¿Tiene usted tiempo?
– Claro.
– Pues esperamos a mi amigo que me va a recoger y después le llevamos en coche al centro.

Después de una hora de espera el amigo no ha llegado todavía. Usted y su compañera de viaje deciden tomar el autobús y el metro.

Einige Stunden später kommen Sie endlich bei Ihren Bekannten an und erzählen folgende Geschichte. Versuchen Sie, die Lücken mit der jeweils richtigen Verbform (Imperfekt, *Indefinido,* Perfekt) zu füllen.

– Por fin estás aquí. Lo siento pero no (poder) _____ ir a recogerte al aeropuerto porque (tener) _____ un problema con el coche. ¿Dónde (estar) _____ todo el tiempo? Te (llamar) _____ al aeropuerto y nada.

– No te imaginas lo que me (pasar) _____ . Al llegar, te _____ (esperar) unos 20 minutos. Como vi que no (llegar) _____ , le (preguntar) _____ a una chica si me podía

Die Vergangenheitsformen: Übungen

aclarar el camino hasta el centro de Madrid. Menudo lío que me hizo. Me (proponer) _____ esperar a su amigo, que iba a recogerla a ella, e ir con ellos al centro.

– Estupendo.

– Nada de estupendo. El amigo no (aparecer) _____ por ninguna parte. Después de esperar una hora en el bar del aeropuerto, Mónica, así se llama mi compañera de desdichas, (decidir) _____ que nos fuéramos en autobús y en metro. Un desastre. Además mientras (esperar) _____ , bebimos una cerveza tras la otra y como ella no (tener) _____ dinero, tuve que pagar yo solo la cuenta.

6 Das Futur und *ir + a* + Infinitiv
<u>*oder*</u>

Über die Zukunft sprechen

Bola, bolita cuéntame lo que ves

Kugel, meine Kugel, erzähle mir, was du siehst

Don Quijote: Und was seht Ihr in meiner Zukunft, meine Herrin?
Wahrsagerin: Die Kugel sagt, dass Ihr viele Schwierigkeiten überwinden werdet, mein Herr.
Sancho: Was für eine Sprücheklopferin! Und die fünftausend Euro behält sie auch noch. Ich glaube, ich werde den Beruf wechseln und Medium werden.

Die nahe Zukunft

Die Zukunft können wir Ihnen leider nicht verkünden, sehr wohl aber, wie man auf Spanisch über die Zukunft spricht.
Zunächst kann man auf Spanisch – wie übrigens auch im Deutschen – mit der Gegenwartsform Zukünftiges beschreiben. Allerdings braucht diese Zeitform dafür die richtigen Begleiter, das heißt Adverbien und temporale Fügungen, die dem Kontext die Bedeutung von Zukunft verleihen. Das sind etwa: **la semana que viene** (kommende Woche), **la próxima semana** (nächste Woche), **pasado mañana** (übermorgen) usw.

La semana que viene **voy** a Marruecos.	*Nächste Woche fahre ich nach Marokko.*

Häufiger ist indes der Gebrauch einer der drei Zukunftsformen. Die spanische Sprache unterscheidet zwischen naher Zukunft, Futur I und Futur II.

6.1 Die nahe Zukunft (*ir* + *a* + Infinitiv) oder *Ich gehe jetzt*

Mit *ir* + *a* + Infinitiv nimmt man Bezug auf eine gegenwartsnahe Zukunft. Mit dieser Form bringt man außerdem eine feste Absicht zum Ausdruck.

6.1.1 Grammatikalische Form der nahen Zukunft

Die nahe Zukunft wird mit den konjugierten Formen des Verbs *ir*, der Präposition *a* und dem Infinitiv der zukünftigen Handlung gebildet.

yo	**voy a trabajar**
tú	**vas a bailar**
él, ella, usted	**va a leer**
nosotros, -as	**vamos a cantar**
vosotros, -as	**vais a viajar**
ellos, -as, ustedes	**van a cenar**

Die nahe Zukunft

6.1.2 Der Gebrauch der nahen Zukunft

Mit der nahen Zukunft berichtet man über ein Vorhaben oder eine Handlung, die in der nächsten Zeit stattfinden wird.

¿Qué **vas a hacer** hoy?	Was machst du heute?
Creo que **voy a ir** al cine.	Ich glaube, ich werde ins Kino gehen.
Yo también. Si quieres podemos **ir** juntos.	Ich auch. Wenn du willst, können wir zusammen gehen.

6.2 Weitere Formen, die nahe Zukunft ausdrücken oder *Ich habe vor…*

- Mit **pensar**[1] + Infinitiv betont der Sprecher seine Absicht, etwas zu tun. Er hat etwas vor, was aber nicht heißt, dass er es auch ausführen wird!

Mañana **pienso ir** al cine.	Ich habe morgen vor, ins Kino zu gehen.

- Wenn der Sprecher Gewicht auf seinen Willen legen will, benutzt er das Präsens oder Imperfekt des Verbs **querer**[2] + Infinitiv.

– ¿Qué vas a hacer hoy?	– Was hast du heute vor?
– **Quiero ir** al cine.	– Ich will ins Kino gehen.
– **Quería ir** al cine.	– Ich wollte ins Kino gehen.

6.3 Das Futur I *(Futuro simple)* oder *ich werde gehen*

Schon wenn Sie im Urlaub den spanischen Wetterbericht hören, kommen Sie ohne das Futur nicht aus. Der Moderator wird mit Sicherheit einige Futur-Formen verwenden. Die wollen wir uns mal genauer ansehen.

[1] unregelmäßiges Verb der Gruppe i → ie
[2] unregelmäßiges Verb der Gruppe i → ie

DAS FUTUR UND IR + A + INFINITIV

sesenta y uno

Das Futur I

6.3.1 Die Formen des Futurs I

Einfacher geht es nicht! Die regelmäßigen Verben bilden das Futur mit Infinitiv + Endungen, die für alle Verben gleich sind: *trabajaré* (ich werde arbeiten), *comeré* (ich werde essen), *viviré* (ich werde leben).

	trabajar *arbeiten*
yo	trabajar**é**
tú	trabajar**ás**
él, ella, usted	trabajar**á**
nosotros, -as	trabajar**emos**
vosotros, -as	trabajar**éis**
ellos, -as, ustedes	trabajar**án**

 Bei folgenden Verben ändert sich die Stammform. Die Endungen bleiben indes gleich:

tener	**tendré**	venir	**vendré**
haben	*ich werde haben*	*kommen*	*ich werde kommen*
salir	**saldré**	poner	**pondré**
ausgehen	*ich werde ausgehen*	*(hin)stellen*	*ich werde (hin)stellen*
hacer	**haré**	saber	**sabré**
machen	*ich werde machen*	*wissen*	*ich werde wissen*
decir	**diré**	querer	**querré**
sagen	*ich werde sagen*	*wollen*	*ich werde wollen*
poder	**podré**	haber	**habré**
können	*ich werde können*	*haben (Hilfsverb)*	*ich werde ... haben*

6.3.2 Der Gebrauch des Futurs I

Einige der zahlreichen Anwendungsmöglichkeiten des Futurs I haben wir im Folgenden zusammengefasst.

Das Futur I

Das Futur I wird verwendet:

- für Voraussagen und Ankündigungen:

El martes **lloverá** en Galicia y en el sur **subirán** las temperaturas.	*Dienstag wird es in Galicien regnen und im Süden werden die Temperaturen ansteigen.*

- wenn wir auf zukünftige Ereignisse, Zustände und Situationen Bezug nehmen:

Llegaremos a las doce de la noche a Madrid.	*Wir werden um 12 Uhr nachts in Madrid ankommen.*

- bei Verboten und Geboten:

Ganarás el pan con el sudor de tu frente.	*Du sollst dein Brot im Schweiße deines Angesichts verdienen.*

- um Vermutung, Wahrscheinlichkeit und Zweifel auszudrücken:

Con amigos **no estarás** nunca solo.	*Wer Freunde hat, wird nie allein sein.*
Llaman por teléfono. ¿Quién **será** a estas horas? **Será** Jorge.	*Das Telephon klingelt. Wer wird das um diese Zeit sein? Es wird wohl Jorge sein.*
El **ganará** mucho dinero, pero no creo que sea feliz.	*Er mag wohl viel Geld verdienen, aber ich glaube nicht, dass er glücklich ist.*

Vermutung und Wahrscheinlichkeit kann man auch mit dem Adverb ***probablemente*** (wahrscheinlich) + Präsens äußern!

Probablemente está ahora en casa de sus padres.	*Er wird jetzt wahrscheinlich bei seinen Eltern sein.*

Das Futur II

- um Übertreibung und Erstaunen zu äußern:

| ¡**Seré** tonta, he olvidado otra vez la tarjeta de crédito! | *Bin ich dumm! Ich habe schon wieder die Kreditkarte vergessen!* |

6.4 Das Futur II *(Futuro perfecto)* oder *Ich werde gegangen sein*

Mit dem *Futuro perfecto* bezeichnet man eine abgeschlossene Handlung oder Situation in der Zukunft. Das Futur II wird daher auch vollendetes Futur genannt.

6.4.1 Die Formen des Futurs II

Das Futur II bildet man mit der Futur-I-Form des Hilfsverbs **haber** und dem Partizip Perfekt des Vollverbs. Das Partizip Perfekt ist dabei unveränderlich.

		trabajar *arbeiten*	**beber** *trinken*	**vivir** *leben, wohnen*
yo	**habré**	trabaj**ado**	beb**ido**	viv**ido**
tú	**habrás**	trabaj**ado**	beb**ido**	viv**ido**
él, ella, usted	**habrá**	trabaj**ado**	beb**ido**	viv**ido**
nosotros, -as	**habremos**	trabaj**ado**	beb**ido**	viv**ido**
vosotros, -as	**habréis**	trabaj**ado**	beb**ido**	viv**ido**
ellos, -as, ustedes	**habrán**	trabaj**ado**	beb**ido**	viv**ido**

6.4.2 Der Gebrauch des Futurs II

Das Futur II wird verwendet:

- um über Handlungen zu berichten, die in der Zukunft schon abgeschlossen sein werden:

| *Dentro de unos meses* **habremos visitado** *los Estados Unidos.* | *In einigen Monaten werden wir die Vereinigten Staaten besucht haben.* |

Das Futur: Übung

- um Vermutungen auszudrücken:

| Ana no ha conseguido el puesto de trabajo al que se presentó. ¡Qué raro! **No se habrá preparado** bien. | Ana hat die Stelle nicht bekommen, für die sie sich beworben hatte. Komisch. Sie wird sich wohl nicht gut vorbereitet haben. |

- in empörten Ausrufen:

| ¡**Habrase visto** tal tonto! | Hat man so einen Blödmann schon gesehen! |

ÜBUNG 11 Don Quijote und Sancho besuchen die berühmte Wahrsagerin Madame de los Picos. Hier ein Ausschnitt aus ihrem Gespräch. Setzen Sie die richtige Zukunftsform in die Lücken ein.

– Señora de los Picos. Estoy aquí para saber algo sabre mi futuro.
– Ya lo sé, estimado caballero. Déjeme ver primero su mano. Es usted idealista, valiente y honrado. No obstante (tener) _____ muchas dificultades.
– ¡No me asuste señora! ¿No podría ser un poco más concreta?
– Según las cartas sólo va a tener problemas en la vida: un trabajo mal pagado, sin casa, siempre vagando de ciudad en ciudad.
– Ya, ya. Eso son los problemas de los yuppies actuales. Se nos exige mucha movilidad. Y sobre mi novia Dulcinea. ¿Cree usted que se (decidir) _____ algún día a casarse conmigo?
– Las cartas dicen que no. Dulcinea se (convertir) _____ en una mujer de negocios y no se (casar) _____ con nadie. Eso sí, (tener) _____ muchísimas relaciones pasajeras con compañeros de trabajo. Dentro de cinco años ya (montar) _____ el décimo restaurante de su cadena de hostelería. Una mujer inteligente.
– ¿Y qué me dice de mi asistente Sancho? El pobre seguro que no va a tener mucha suerte.
– Se equivoca mi señor. Sancho (ser) _____ dentro de dos años alcalde de Madrid. El futuro tiene buenas intenciones con él.

7 Der Konditional
oder
Wie man Wünsche und Vorstellungen äußert und Ratschläge erteilt

Die Kirche La Sagrada Familia

Don Quijote: Entschuldigen Sie, könnten Sie mir sagen, wo die Sagrada Familia steht?
Sancho: Ich glaube, mein Herr braucht Kontaktlinsen.
Frau: Wenn Sie sich umdrehen, ist sie direkt vor Ihnen.

Der Konditinal I

Ob Sie sich nach einer Sehenswürdigkeit erkundigen oder einen Wunsch bzw. eine Meinung höflich äußern wollen – ohne den Konditional kommen Sie nicht aus.

7.1 Die Formen des Konditionals I *(Condicional)* oder *Ich würde sagen...*

Der Konditional wird gebildet, indem man an den Infinitiv des Verbs die Endungen der Imperfektform auf *-ía* anhängt.

	trabajar *arbeiten*	**beber** *trinken*	**vivir** *wohnen, leben*
yo	trabajar**ía**	beber**ía**	vivir**ía**
tú	trabajar**ías**	beber**ías**	vivir**ías**
él, ella, usted	trabajar**ía**	beber**ía**	vivir**ía**
nosotros, -as	trabajar**íamos**	beber**íamos**	vivir**íamos**
vosotros, -as	trabajar**íais**	beber**íais**	vivir**íais**
ellos, -as, ustedes	trabajar**ían**	beber**ían**	vivir**ían**

Auch der Konditional kennt **unregelmäßige Verben**. Bei ihnen ändert sich – wie wir es schon aus dem Futur kennen – der Stamm. Die Konditionalendungen bleiben indes unverändert:

	tener *haben*
yo	**tendría**
tú	**tendrías**
él, ella, usted	**tendría**
nosotros, -as	**tendríamos**
vosotros, -as	**tendríais**
ellos, -as, ustedes	**tendrían**

Weitere Verben mit Stammveränderung im Konditional sind:

caber *(hinein)passen*	**cabr**ía
decir *sagen*	**dir**ía
hacer *machen*	**har**ía
poder *können*	**podr**ía
poner *legen, stellen*	**pondr**ía
querer *wollen*	**querr**ía
saber *wissen*	**sabr**ía
salir *(hinaus)gehen*	**saldr**ía
valer *Wert sein*	**valdr**ía
venir *kommen*	**vendr**ía

7.2 Der Gebrauch des Konditionals I oder *Möglich ist alles*

Der Konditional wird verwendet:

- zur Äußerung von Wünschen:

Me **gustaría** viajar a los Estados Unidos.	*Ich würde gern in die USA reisen.*

- zur höflichen Äußerung einer Bitte:

¿**Podría** Vd. mandar un fax a la empresa?	*Könnten Sie ein Fax an die Firma schicken?*

Statt **querría** wird meist **quisiera** und statt **debería** oder **podría** werden gelegentlich **debiera** und **pudiera** verwendet:

Quisiera tomar un café con leche.	*Ich möchte gern einen Milchkaffee trinken.*

- zur Äußerung einer Vermutung in Bezug auf einen vergangenen Sachverhalt:

Serían las cuatro de la tarde.	*Es wird vier Uhr gewesen sein.*

Der Konditional II

- zur Erteilung von Ratschlägen und Empfehlungen:

Deberías trabajar menos.	*Du solltest weniger arbeiten.*

- in Bedingungssätzen (siehe Kapitel 10).
- zum Ausdruck einer zukünftigen Handlung vom Zeitpunkt der Vergangenheit aus betrachtet:

Entonces volvió a su país, donde **conocería** a su futura mujer.	*Damals kehrte er in seine Heimat zurück, wo er seine zukünftige Frau kennen lernen sollte.*

7.3 Formen und Gebrauch des Konditionals II (*Condicional perfecto*) <u>oder</u> Ich hätte gedacht...

Der Konditional II wird gebildet mit den Formen des Konditionals I von **haber** und dem Partizip Perfekt des Hauptverbs:

	haber *haben (Hilfsverb)*	**tomar** *nehmen*
yo	**habría**	tom**ado**
tú	**habrías**	tom**ado**
él, ella, usted	**habría**	tom**ado**
nosotros	**habríamos**	tom**ado**
vosotros	**habríais**	tom**ado**
ellos, -as, ustedes	**habrían**	tom**ado**

Der Konditional II drückt Handlungen aus, die in der Vergangenheit nicht zustande kamen, weil die Voraussetzungen dafür fehlten:

Te **habría visitado**.	*Ich hätte dich besucht.*

Der Konditional II wird in Satzgefügen mit irrealen Bedingungssätzen verwendet (*siehe* Kapitel 10.3.):

Si te hubiéramos visto, te **habríamos saludado**.	*Wenn wir dich gesehen hätten, hätten wir dich gegrüßt.*

Der Konditinal: Übungen

 Statt **habría** wird oft **hubiera** verwendet.

ÜBUNG 12 Wie reagieren Sie in den folgenden Situationen? Verbinden Sie die passenden Sätze.

a. Usted está en un restaurante. Ha pedido una sopa. Ésta está fría.	1. Es extraño, debería haber llegado ya.
b. Sus amigos le proponen hacer un viaje durante el fin de semana, pero usted tiene mucho trabajo.	2. Querría tomar una caña[1], por favor.
c. Su compañera de trabajo está agobiada con el nuevo proyecto.	3. Me gustaría mucho, pero tengo muchísimo trabajo.
d. Usted se extraña porque su avión no llega a la hora acordada.	4. Perdone, ¿podría traerme otro plato de sopa que esté caliente?
e. En un bar usted pide una cerveza.	5. ¿No crees que deberías tomarte unas vacaciones?

ÜBUNG 13 Herr Sánchez und Frau Reiter essen im Restaurant. Bringen Sie den Dialog in die richtige Reihenfolge!

a. Camarero: ¿Qué desean tomar, el señor y la señora?	1. Sánchez: Pues yo preferiría tomar chuletillas de cordero.
b. Camarero: ¿Y para comer?	2. Reiter: Un café sólo por favor.
c. Camarero: ¿Y el señor?	3. Sánchez: Yo tomaré un vino tinto de Ribera. ¿Y tú, Andrea? Creo que tomaré una cerveza.
d. Camarero: ¿Y de postre?	4. Sánchez: Yo tomaré una crema catalana y un café con leche.
e. Camarero: ¿Y usted señor?	5. Reiter: A mí me gustaría tomar un gazpacho andaluz.

[1] caña: *kleines Bier*

8 Der Imperativ
oder
Wie man Befehle, Aufforderungen und Anweisungen erteilen kann

Con las manos en la masa

Mit den Händen in der Masse

Don Quijote: Setzen Sie ein Liter Wasser in einem Topf zum Kochen auf. Geben Sie etwas Salz dazu. Schneiden Sie das Gemüse in Würfelchen. Oh, Sancho, es ist besser, du kochst. Diese Lektüre scheint mir sehr langweilig.
Sancho: Natürlich. Das mit den Viktualien ist meine Sache. An die Arbeit!

Der bejahte Imperativ

Für eine herzhafte Mahlzeit wird der rundliche Sancho wohl kaum einer Anweisung bedürfen. Ob er aber ohne einen anständigen Imperativ Don Quijote im Kampf gegen die Windmühlen zur Seite steht, ist mehr als fraglich. Die folgenden Regeln sollte daher auch der Ritter von der traurigen Gestalt im Schlaf beherrschen.

8.1 Die Formen des bejahten Imperativs oder *An die Arbeit!*

	Verben auf *-ar* trabajar *arbeiten*	Verben auf *-er* comer *essen*	Verben auf *-ir* escribir *schreiben*
tú	trabaj**a**	com**e**	escrib**e**
nosotros, -as	trabaj**emos**	com**amos**	escrib**amos**
vosotros, -as	trabaj**ad**	com**ed**	escrib**id**
usted	trabaj**e**	com**a**	escrib**a**
ustedes	trabaj**en**	com**an**	escrib**an**

- Die Du-Form *(tú)* entspricht der 3. Person Indikativ Präsens.
- In der Ihr-Form *(vosotros)* werden die Endungen *-ad*, *-ed*, *-id* an den Verbstamm angehängt.

Diese Ihr-Form des Imperativs wird außer in der literarischen Sprache selten gebraucht. Die meisten Spanier benutzen ganz einfach den Infinitiv als Imperativ: *trabajar, comer, escribir*.

- Die Wir-Form *(nosotros)* und die Sie- bzw. Höflichkeitsformen *(usted, ustedes)* werden mit den Endungen des *Subjuntivo Präsens* gebildet (*siehe* Kapitel 9).

¡Pasen, por favor!   *Kommen Sie bitte rein!*

Die folgenden Verben bilden in der Du-Form des bejahten Imperativs eigene Formen: *poner – **pon**, decir – **di**, hacer – **haz**, salir – **sal**, ser – **sé**, ir – **ve**, tener – **ten**, venir – **ven**.* Es handelt sich um Verben mit unregelmäßiger Konjugation in der Ich-Form Präsens *(**pongo, digo, hago, salgo, soy, voy, tengo, vengo**).*

Der bejahte Imperativ

 Das Personalpronomen wird beim Imperativ an das Verb angehängt.

| ¡Déje**lo** ahí! | *Lassen Sie es da!* |

 Dativ steht vor Akkusativ (im Gegensatz zum Deutschen).

| ¡Dí**melo**! | *Sag es mir!* |

8.2 Der Gebrauch des bejahten Imperativs oder *Nicht nur Befehle erteilen*

Der Imperativ ist keine ausschließliche Befehlsform. Die folgende Palette an Beispielen soll seine vielfältigen Einsatzmöglichkeiten verdeutlichen helfen.

Der Imperativ wird verwendet:

- um eine Bitte oder Aufforderung zu äußern:

 Vorsicht! Wenn Sie nicht unhöflich sein wollen, sollten Sie den Imperativ nicht gleich am Anfang eines Gesprächs benutzen!

¿Qué van a tomar los señores?	*Was wollen die Herrschaften trinken?*
Yo quisiera tomar una cerveza.	*Ich möchte ein Bier trinken.*
Póngame un café, por favor.	*Bringen Sie mir einen Kaffee, bitte.*

Der Kaffeetrinker benutzt den Imperativ erst, nachdem der Kontakt zum Kellner schon hergestellt wurde. Unhöflich wäre es, wenn er unaufgefordert gesagt hätte: **Póngame un café**.

- um Aufmerksamkeit zu bekommen:

Oye, dime qué hora es.	*Hör mal, sage mir, wie spät es ist.*
¡**Mira, mira**, la actriz de la película!	*Sieh nur, die Schauspielerin aus dem Film!*

- um mit einer Aufforderung Höflichkeit, Interesse und Ermunterung zu bekunden:

Pase, pase, don Miguel. Le estábamos esperando.	*Kommen Sie nur rein, Don Miguel. Wir haben auf Sie gewartet.*
Toma, sírvete más calamares. Están riquísimos.	*Nimm noch, bedien dich nur mit Calamares. Sie schmecken ausgezeichnet.*

8.3. Der verneinte Imperativ oder *Nicht alles ist erlaubt*

Leider übernimmt der verneinte Imperativ nicht alle Formen des bejahten Imperativs. Er wird durchgehend mit den Formen des **Subjuntivo Präsens** gebildet (*siehe* Kapitel 9). Das heißt, die Höflichkeitsformen **(usted, ustedes)** und die Wir-Form **(nosotros)** sind identisch mit dem bejahten Imperativ. Dem verneinten Imperativ wird *no* vorangestellt.

	Verben auf *-ar* **trabajar** *arbeiten*	Verben auf *-er* **comer** *essen*	Verben auf *-ir* **escribir** *schreiben*
tú	no trabaj**es**	no com**as**	no escrib**as**
nosotros, -as	no trabaj**emos**	no com**amos**	no escrib**amos**
vosotros, -as	no trabaj**éis**	no com**áis**	no escrib**áis**
usted	no trabaj**e**	no com**a**	no escrib**a**
ustedes	no trabaj**en**	no com**an**	no escrib**an**

Ersatzformen für den Imperativ

Das Pronomen steht **vor** dem verneinten Imperativ:

¡No muevas el brazo!	*Bewege den Arm nicht!*
¡No **lo** muevas!	*Bewege ihn nicht!*

8.4 Ersatzformen für den Imperativ oder *Durch die Blume gesagt*

Anweisungen, Aufforderungen und Befehle werden oft nicht mit Imperativ ausgedrückt. Ein paar Alternativen zum Imperativ können daher durchaus hilfreich sein.

- ***vamos*** + ***a*** + **Infinitiv** wird oft als Bitte oder Aufforderung statt der Wir-Imperativform verwendet:

Vamos a sentarnos.	*Setzen wir uns!*

- ***a*** + **Infinitiv** dient häufig im familiären Sprachgebrauch als Aufforderung:

¡A comer!	*Essen!*

- dasselbe gilt für ***a*** + **Substantiv** (**mit bestimmtem Artikel**):

¡Al ataque!	*Zum Angriff!*

- Auch eine höfliche Frage kann als Aufforderung verstanden werden:

¿Puedes cerrar la puerta?	*Kannst du die Tür schließen?*
¿Por qué no entráis?	*Warum tretet ihr nicht ein?*

Der Imperativ: Übungen

> **ÜBUNG 14** Setzen Sie die Sätze in den Imperativ. Achten Sie auch auf die Pronomen.
>
> a. Quiero que te vayas. (tú)
> b. No pisar el césped. (ustedes)
> c. Prohibido fumar. (ustedes)
> d. Quiero que vayas a su casa y se lo preguntes. (tú)
> e. Espero que me escribas. (tú)
> f. Quiero que se lo preguntéis. (vosotros)

> **ÜBUNG 15** Setzen Sie folgende Sätze in den verneinten Imperativ.
>
> a. Tened paciencia.
> b. Vuelve a poner ese disco.
> c. Presta atención.
> d. Siéntate en la mesa.
> e. Salga deprisa, por favor.
> f. Sed cuidadosos.

9 Der *Subjuntivo*
<u>oder</u>
Wie man über Wünsche, Gefühle und Meinungen spricht

¿Pero qué ven mis ojos?

Was sehen denn meine Augen?

Sancho: Herr Quijote, ich bezweifle, dass das Riesen sind, das sieht mir eher nach Hochhäusern aus.
Quijote: Keine Angst, Sancho. Natürlich sind das Riesen! Und ich will, dass du mit mir gegen sie kämpfst! Greifen wir sie uns, Attacke!!

Die Formen des *Subjuntivo*

Wie oft spricht man nicht über Gefühle, subjektive Wahrnehmungen, Wünsche! Man will die eigene Meinung äußern und in der Fremdsprache argumentieren können... und dafür brauchen Sie den *Subjuntivo*!

9.1 Die Formen des *Subjuntivo* oder Den gibt's doch gar nicht im Deutschen

9.1.1 *Subjuntivo* Präsens

9.1.1.1 Regelmäßige Verben

Da Sie bereits den Indikativ Präsens kennen, wird der *Subjuntivo* Ihnen jetzt leicht fallen. Er ist nämlich beinahe gleich. Die Vokale, die Sie von jeder der drei regelmäßigen Verbgruppen kennen, werden jetzt einfach ausgetauscht:

→ Verben auf **-ar** enden im *Subjuntivo* auf **-e**, während die Verben auf **-er** und **-ir** jetzt ein **-a** erhalten. So einfach geht's!

	Verben auf -ar *trabajar* *arbeiten*	**Verben auf -er** *aprender* *lernen*	**Verben auf -ir** *vivir* *leben, wohnen*
yo	trabaj**e**	aprend**a**	viv**a**
tú	trabaj**es**	aprend**as**	viv**as**
él, ella, usted	trabaj**e**	aprend**a**	viv**a**
nosotros, -as	trabaj**emos**	aprend**amos**	viv**amos**
vosotros, -as	trabaj**éis**	aprend**áis**	viv**áis**
ellos, -as, ustedes	trabaj**en**	aprend**an**	viv**an**

Kommt Ihnen einiges bekannt vor? Genau, Sie haben ein paar Formen schon im Imperativ gelernt! Spanisch ist doch eine einfache Sprache!

9.1.1.2 Unregelmäßige Verben

Erinnern Sie sich noch an die Änderungen der Stammvokale im Indikativ Präsens: e → ie, o → ue und e → i ? Auch im *Subjuntivo* Präsens ändert sich der Stammvokal bei denselben Personen wie im Indikativ.

 Aber aufgepasst: In der Gruppe e → i verändern sich alle Formen!

	querer: e → ie *wollen*	**poder: o → ue** *können*	**pedir: e → i** *fordern, verlangen*
yo	quiera	pueda	pida
tú	quieras	puedas	pidas
él, ella, usted	quiera	pueda	pida
nosotros, -as	queramos	podamos	pidamos
vosotros, -as	queráis	podáis	pidáis
ellos, -as, ustedes	quieran	puedan	pidan

 Bei einigen Verben ändert sich die Schreibweise, damit die Aussprache erhalten bleibt!

llegar → llegue	coger → coja
explicar → explique	empezar → empiece
seguir → siga	vencer → venza

Aus dem Indikativ Präsens kennen wir bestimmte Verben, die in der ersten Person unregelmäßig sind:

hacer → hago	poner → pongo	conocer → conozco

Ausgehend von dieser unregelmäßigen Ich-Form werden im *Subjuntivo* alle Personen gebildet.

 Orientieren Sie sich deshalb bei der Bildung des *Subjuntivo* immer an der ersten Person Indikativ Präsens!

Die Formen des *Subjuntivo*

	hacer	**traer**
Indikativ Präsens, 1. Person	**hago**	**traigo**
Subjuntivo Präsens	**haga**	**traiga**
	hagas	**traigas**
	haga	**traiga**
	hagamos	**traigamos**
	hagáis	**traigáis**
	hagan	**traigan**

Aus dem Indikativ wissen Sie auch, dass manche Verben ganz unregelmäßige Konjugationsformen haben. Zum Glück sind es nicht viele. Die wichtigsten finden Sie hier:

ser	**estar**	**haber**	**saber**	**ir**
sein	*sein*	*haben* Hilfsverb	*wissen*	*gehen*
sea	esté	haya	sepa	vaya
seas	estés	hayas	sepas	vayas
sea	esté	haya	sepa	vaya
seamos	estemos	hayamos	sepamos	vayamos
seáis	estéis	hayáis	sepáis	vayáis
sean	estén	hayan	sepan	vayan

9.1.2 *Subjuntivo* Perfekt

¡Vaya situación! *

So eine verflixte Lage!

Frau 1: Ich hoffe, es ist ihnen nichts passiert!
Frau 2: Hoffentlich haben sie sich nichts gebrochen!

¡Espero que no les haya pasado nada!
¡Ojalá no se hayan roto ningún hueso!

* Beim Kampf gegen die Hochhäuser sind Don Quijote und Sancho gestürzt.

Die Formen des *Subjuntivo*

Den *Subjuntivo* Perfekt bildet man mit dem *Subjuntivo* Präsens von **haber** und dem Partizip Perfekt des Vollverbs:

	haber	Partizip
yo	haya	cant**ado**
tú	hayas	com**ido**
él, ella, usted	haya	viv**ido**
nosotros, -as	hayamos	escr**ito**
vosotros, -as	hayáis	d**icho**
ellos, -as, ustedes	hayan	v**isto**

9.1.3 *Subjuntivo* Imperfekt

Den *Subjuntivo* Imperfekt bilden Sie am einfachsten, indem Sie die 3. Person Plural des *Indefinido* nehmen und die Endung **-ron** durch **-ra** oder **-se** ersetzen:

	Verben auf **-ar** *cantar* singen	Verben auf **-er** *comer* essen	Verben auf **-ir** *escribir* schreiben
Indefinido	canta-**ron**	com**ie**-**ron**	escrib**ie**-**ron**
Subjuntivo Imperfekt	canta-**ra** *oder* canta-**se**	com**ie**-**ra** *oder* com**ie**-**se**	escrib**ie**-**ra** *oder* escrib**ie**-**se**

Sie wundern sich zu Recht: Es gibt zwei mögliche Endungen für den *Subjuntivo* Imperfekt, eine auf **-ra** und eine auf **-se**. Die beiden können alternativ gebraucht werden: Sie entscheiden, welche Ihnen besser gefällt!

Die Formen des *Subjuntivo*

Und nun wollen wir noch ein paar Verbbeispiele durchkonjugieren:

	bailar *(tanzen)*	**beber** *(trinken)*	Unregelmäßige Verben
yo	baila-ra/-se	bebie-ra/-se	haber: hubie-ra/-se
tú	baila-ras/-ses	bebie-ras/-ses	estar: estuvie-ras/-ses
él, ella, usted	baila-ra/-se	bebie-ra/-se	poner: pusie-ra/-se
nosotros, -as	bailá-ramos/-semos	bebié-ramos/-semos	ver: vié-ramos/-semos
vosotros, -as	baila-rais/-seis	bebie-rais/-seis	entender: entendie-rais/-seis
ellos, -as, ustedes	baila-ran/-sen	bebie-ran/-sen	ir: fue-ran/-sen decir: dije-ran/-sen

9.1.4 *Subjuntivo* Plusquamperfekt

Diese Zeit wird mit dem Imperfekt des *Subjuntivo* von **haber** und dem Partizip des Vollverbs gebildet:

	haber	Partizip
yo	hubiera/-se	cant**ado**
tú	hubieras/-ses	com**ido**
él, ella, usted	hubiera/-se	viv**ido**
nosotros, -as	hubiéramos/-semos	escri**to**
vosotros, -as	hubierais/-seis	di**cho**
ellos, -as, ustedes	hubieran/-sen	vi**sto**

9.2 Der Gebrauch des *Subjuntivo* oder *Hoffentlich…*

Instrucciones de uso

Gebrauchsanleitungen

Quijote: Sancho, um als umherziehender Ritter Erfolg zu haben, ist es wichtig, dass dein Pferd sehr stark und schnell ist wie meine Rocinante. Es ist auch wesentlich, dass du eine gute Lanze hast, um gegen den Feind zu kämpfen.
Sancho: Ja, wie Ihr meint, Herr Quijote!
Quijote: Außerdem ist es grundlegend, dass… bla, bla, bla…

Bald werden Sie den *Subjuntivo* mindestens so gut wie Don Quijote beherrschen. Ein paar Regeln und Beispiele helfen Ihnen dabei.

Der Gebrauch des Subjuntivo

Während der Indikativ Handlungen und Zustände als Tatsachen darstellt, kann der Sprecher/die Sprecherin mit dem *Subjuntivo* eine persönliche Haltung oder Meinung zum Ausdruck bringen. Der *Subjuntivo* steht vorwiegend in Nebensätzen und ist von Verben und Konjunktionen abhängig.

9.2.1 *Subjuntivo* in Nebensätzen

Der *Subjuntivo* steht im **que**-Satz, wenn in den Hauptsätzen folgende Verben oder Ausdrücke vorkommen:

- Verben, die **Wünsche, Forderungen, Befehle** ausdrücken:
  querer (wollen), ***desear*** (wünschen), ***esperar*** (hoffen), ***pedir*** (fordern), ***exigir*** (verlangen), ***obligar*** (verpflichten), ***proponer*** (vorschlagen), ***recomendar*** (empfehlen), ***ordenar*** (befehlen), ***prohibir*** (verbieten), ***aconsejar*** (raten), usw.

Quiero que me ***acompañes*** al dentista.	*Ich will, dass du mich zum Zahnarzt begleitest.*
Espero que Carlos ***venga*** pronto.	*Ich hoffe, dass Carlos bald kommt.*

 Wenn Haupt- und Nebensatz das gleiche Subjekt haben, wird statt dem ***que***-Satz eine Infinitivkonstruktion verwendet:

Esta noche ***quiero*** (yo) ***salir*** (yo) a bailar.	*Heute Abend will ich tanzen gehen.*
Quiero (yo) ***que vengas*** (tú) a bailar conmigo.	*Ich will, dass du mit mir tanzen kommst.*

- Verben der **Gefühlsäußerung**: ***agradar*** (behagen), ***alegrarse*** (sich freuen), ***sentir*** (bedauern), ***detestar*** (verabscheuen), ***disgustar*** (anekeln), ***molestar*** (ärgern), ***temer*** (befürchten), ***encantar*** (entzücken), ***parecer bien/mal*** (gut/schlecht finden), usw.

Der Gebrauch des *Subjuntivo*

Me alegro de **que estés** de nuevo con nosotros.
Ich freue mich, dass du wieder unter uns bist.
Me parece bien que él **sea** el nuevo jefe del proyecto.
Ich finde es gut, dass er der neue Projektleiter ist.

- Verben, die **Zweifel, Unsicherheit** ausdrücken und **verneinte Ausdrücke des Glaubens**:

Dudo que podamos coger el avión a tiempo.
Ich bezweifle, dass wir das Flugzeug noch rechtzeitig erreichen.
No creo que llueva esta tarde, ¡hace tanto calor!
Ich glaube nicht, dass es heute Abend regnet, es ist so warm.

Zu dieser Gruppe gehören auch:

no pienso que (*ich denke nicht, dass*), **no es verdad que** (*es stimmt nicht, dass*), **no es cierto que** (*es ist nicht sicher, dass*), **no está demostrado que** (*es ist nicht bewiesen, dass*).

 Aber aufgepasst: Folgende Ausdrücke erfordern den Indikativ:

creo (ich glaube), **es verdad** (es stimmt), **es cierto** (es ist sicher), **es evidente** (es ist offensichtlich), **está demostrado** (es ist erwiesen).

Creo que hará buen tiempo.
Ich glaube, dass das Wetter schön wird.

- **unpersönliche Ausdrücke**, die eine persönliche Stellungnahme beinhalten:

Es importante que tomes las medicinas con regularidad.
Es ist wichtig, dass du die Medikamente regelmäßig nimmst.
Es necesario que los políticos **solucionen** el problema del paro.
Es ist notwendig, dass die Politiker das Problem der Arbeitslosigkeit lösen.

Der Gebrauch des *Subjuntivo*

Weitere unpersönliche Ausdrücke, die den *Subjuntivo* erfordern, sind: **es probable** (es ist wahrscheinlich), **es mejor** (es ist besser), **es posible** (es ist möglich), **es imposible** (es ist unmöglich), **es normal** (es ist normal), **es una pena** (es ist schade), **es raro** (es ist seltsam), **es peligroso** (es ist gefährlich), **es lógico** (es ist logisch), **es fundamental** (es ist wesentlich), **es obligatorio** (es ist zwingend notwendig), **es fácil** (es ist leicht).

- Auch bestimmte **Konjunktionen** erfordern den *Subjuntivo*. Dazu gehören:

para que (damit), **a fin de que** (damit), **a no ser que** (es sei denn), **sin que** (ohne dass), **de ahí que** (darum), **como si** (als ob), **siempre que** (vorausgesetzt, dass), **a condición de que** (unter der Bedingung, dass).

Te he traído unas fresas **para que puedas** hacer una tarta.	Ich habe dir ein paar Erdbeeren mitgebracht, damit du eine Torte backen kannst.
El año que viene paso al siguiente curso **a no ser que suspenda** el examen.	Nächstes Jahr gehe ich in den nächsten Kurs, es sei denn, ich bestehe die Prüfung nicht.

Nach *como si* kann nur *Subjuntivo* Imperfekt stehen!

¿Qué le pasa a Carlos? Se comporta **como si no me conociera**.	Was ist mit Carlos los? Er benimmt sich, als ob er mich nicht kennen würde.

Manche Konjunktionen, kann man sowohl mit Indikativ als auch mit *Subjuntivo* verwenden: **aunque** (obwohl/auch wenn), **cuando** (wenn/sobald), **mientras** (während/solange). Es hängt davon ab, was Sie als Sprecher sagen wollen. Wenn Sie über Tatsachen sprechen, dann benutzen Sie den Indikativ. Wenn es sich hingegen um Möglichkeiten oder Voraussetzungen handelt, die noch nicht eingetreten sind, verwenden Sie den *Subjuntivo*.

Der Gebrauch des *Subjuntivo*

El héroe de la Mancha

Der Held aus der Mancha

Quijote: Sancho, wenn du eine wehrlose Dame in Gefahr siehst, sage es mir! Solange ich in der Mancha bin, wird es keinen Räuber oder Verbrecher geben, der jemanden belästigt!
Sancho: Na ja, wenn Ihr es sagt…

Je nachdem, ob diese Konjunktionen mit Indikativ oder *Subjuntivo* gebraucht werden, ändern sie ihren Sinn:

Konjunktion	Indikativ	*Subjuntivo*
mientras	*während*	*solange*
cuando	*wenn (immer)*	*wenn/sobald*
aunque	*obwohl*	*auch wenn*

Der Gebrauch des *Subjuntivo*

mientras + Indikativ	Me gusta escuchar música clásica **mientras leo** el periódico.
	Ich höre gern klassische Musik, während ich lese.
mientras + *Subjuntivo*	**Mientras** no **acabe** este informe no podremos empezar la reunión.
	Solange ich diesen Bericht nicht fertig habe, können wir nicht mit der Sitzung beginnen.
cuando + Indikativ	El fin de semana, **cuando tengo** tiempo, me gusta salir a pasear.
	Wenn ich am Wochenende Zeit habe, gehe ich gern spazieren.
cuando + *Subjuntivo*	**Cuando llegue** de las vacaciones te llamaré enseguida.
	Sobald ich aus den Ferien zurück bin, rufe ich dich sofort an.
aunque + Indikativ	El viaje a Venezuela fue fantástico, **aunque** nos **robaron** la cartera.
	Die Reise nach Venezuela war fantastisch, obwohl man uns die Brieftasche geklaut hat.
aunque + *Subjuntivo*	No me importa hacer horas extras **aunque** no me las **paguen**.
	Es macht mir nichts aus, Überstunden zu leisten, auch wenn man sie mir nicht bezahlt.

- der *Subjuntivo* kommt auch in **Relativsätzen** vor:

Relativsätze können entweder mit Indikativ oder mit *Subjuntivo* gebildet werden. Erkennen Sie den Unterschied in der Bedeutung folgender beiden Sätze?

1. Vivo en una ciudad **que** no **ofrece** actividades culturales.	*Ich lebe in einer Stadt, die keine kulturellen Aktivitäten anbietet.*
2. Por eso quiero vivir algún día en una ciudad **que ofrezca** actividades interesantes.	*Deshalb möchte ich irgendwann in einer Stadt leben, die interessante Aktivitäten anbietet.*

Der Gebrauch des *Subjuntivo*

Der *Subjuntivo* steht in Relativsätzen, die einen Wunsch oder eine Erwartung enthalten. Der Indikativ wird hingegen verwendet, wenn der Relativsatz sich auf etwas Reelles bzw. Bekanntes bezieht.

➥ Stellenanzeigen und Inserate sind klassische Fälle für den Gebrauch des *Subjuntivo,* da nach etwas gesucht wird, was man noch nicht hat!

Buscamos un/a vendedor/a que **sepa** alemán y que **esté especializado/a** en productos gastronómicos.	*Wir suchen eine/n Verkäufer/in, der/die Deutsch spricht und auf Lebensmittel spezialisiert ist.*

9.2.2 *Subjuntivo* in Hauptsätzen

Es gibt nur wenige Fälle, in denen der *Subjuntivo* in einem unabhängigen Satz auftaucht. Diese können Sie sich bestimmt merken:

■ nach **ojalá** und **¡que ...!**:

Um einen Wunsch oder eine Hoffnung zu äußern, leitet man den Satz mit einem *Subjuntivo* ein:

¡**Ojalá haga** buen tiempo este fin de semana! ¡**Que te vayan** muy bien los exámenes!	*Hoffentlich wird das Wetter am Wochenende gut! Viel Glück für die Klausuren!*

■ nach **quizás** (vielleicht), **tal vez** (vielleicht), **probablemente** (wahrscheinlich):

Diese Adverbien drücken Ungewissheit aus. Sie werden je nach dem Grad der Wahrscheinlichkeit mit *Subjuntivo* oder Indikativ verwendet. Bei Sätzen im *Subjuntivo* ist die Wahrscheinlichkeit geringer.

Der Gebrauch des *Subjuntivo*

> **Tal vez voy** este verano a Portugal de vacaciones. ☺
> **Tal vez vaya** este verano a Portugal de vacaciones. ☹
> *Vielleicht fahre ich diesen Sommer nach Portugal.*

- in Imperativsätzen:

Im Kapitel über den Imperativ sehen Sie, dass die Höflichkeitsformen des bejahten Imperativs *(usted/ustedes)* und alle verneinten Imperativformen mit *Subjuntivo* gebildet werden (*siehe* Kapitel 8).

> **Introduzca** su tarjeta en el cajero automático.
> *Führen Sie Ihre Karte in den Geldautomaten ein.*

Der *Subjuntivo:* Übung

ÜBUNG 16 Don Quijote spricht mit Sancho Panza über seine Abenteuerreisen. Soll er die Verben im Indikativ oder *Subjuntivo* benutzen? Achten Sie auch auf die Zeiten!

1. Sancho, me alegro de que _____ (interesarse, tú) por mis viajes. Son viajes muy emocionantes, _____ (estar, yo) en muchísimos lugares increíbles.

2. No es verdad que la gente en otros lugares _____ (ser) antipática, al contrario, las personas _____ (portarse) muy bien conmigo.

3. Bueno, aunque lo que me extraña es que algunas personas no me _____ (entender). Me tratan como si _____ (estar) loco, como si no _____ (saber) lo que hago. No lo _____ (entender, yo).

4. Sabes, Sancho, aquí en nuestro pueblo conozco a mucha gente que _____ (ser) muy simpática y amable conmigo. Pero todavía busco a mi dama perfecta, una mujer que _____ (tener) el pelo rubio como el oro, que _____ (ser) vergonzosa y honesta y que _____ (reconocer) mis méritos como caballero. ¡En definitiva, busco a Dulcinea del Toboso! ¿Tú _____ (creer) que la encontraré?

5. En mis viajes es muy importante que mi caballo Rocinante no _____ (cansarse) demasiado. Aunque lo _____ (cuidar, yo) mucho, es un caballo ya viejo y le _____ (poder, él) pasar algo. ¡Cuando ya no _____ (estar) Rocinante, no sé lo que voy a hacer!

10 Der Bedingungssatz
oder
Wie man Bedingungen, Voraussetzungen und Folgen ausdrücken kann

A comer ...

Essen ...

Quijote: Sancho, wenn du Hunger hast, sage es mir und wir werden in einem dieser Gasthöfe anhalten und einen dieser fantastischen Leckerbissen essen, für die dieser Landstrich so berühmt ist ...
Sancho: Ach so, wenn ich gewusst hätte, dass wir hier essen, hätte ich eine Schlackwurst aus meinem Dorf mitgebracht. Die ist in der Tat lecker!

[1] longaniza: *Schlackwurst*

Auf Spanisch haben wir verschiedene Möglichkeiten um eine Bedingung zu formulieren, abhängig von der Art der Bedingung und von der Einstellung des Sprechers. Folgendes müssen wir uns generell merken:

> Im Hauptsatz wird auf einen Sachverhalt Bezug genommen und im Nebensatz auf die Bedingung dafür. Diese wird immer durch eine Konjunktion eingeleitet: *si* (wenn), **siempre que** (vorausgesetzt, dass), **con tal de que** (vorausgestzt, dass), **a condición de que** (unter der Bedingung, dass) usw.

Wir unterscheiden drei Arten von Bedingungssätzen: reale, potenzielle und irreale.

10.1 Der reale Bedingungssatz oder *Wenn nicht, dann...*

Wenn der Sprecher meint, dass die Bedingung erfüllbar oder real ist, dann steht nach *si* der Indikativ, in der Regel Präsens; im Hauptsatz folgt normalerweise Präsens, Futur oder *ir a* + Infinitiv.

si + Präsens	+ Präsens/Futur/*ir a* + Infinitiv
Si no duermo mis ocho horas diarias, *Wenn ich nicht täglich meine acht Stunden schlafe,*	al día siguiente **estoy** cansadísima. *dann bin ich am nächsten Tag hundemüde.*
Si mañana **sigue haciendo** tan buen tiempo como hoy, *Wenn morgen immer noch so schönes Wetter ist,*	**iré** a la playa a tomar el sol. *dann werde ich zum Strand gehen, um mich zu sonnen.*

10.2 Der potenzielle Bedingungssatz oder *Wunschdenken*

Ist es unwahrscheinlich, dass die Bedingung erfüllt wird, dann steht im *si*-Satz *Subjuntivo* Imperfekt und im Hauptsatz Konditional I.

Der irreale Bedingungssatz

si + *Subjuntivo* Imperfekt	+ Konditional
Si tuviéramos las condiciones necesarias para trabajar, *Wenn wir die notwendigen Arbeitsbedingungen hätten,*	en un mes **acabaríamos** el proyecto. *würden wir in einem Monat das Projekt beenden.*
Si pudiera, *Wenn ich könnte,*	**viajaría** continuamente por todo el mundo. *würde ich ständig durch die ganze Welt reisen.*

10.3 Der irreale Bedingungssatz oder *Alles zu spät*

Kann die Bedingung nicht mehr erfüllt werden, weil das Geschehen in der Vergangenheit liegt, dann steht im *si*-Satz der *Subjuntivo* Plusquamperfekt und im Hauptsatz entweder Konditional I oder II oder auch *Subjuntivo* Plusquamperfekt.

si + *Subiuntivo* Plusquamperfekt	+ Konditional I/Konditional II/ *Subjuntivo* Plusquamperfekt
Si hubiéramos llevado el coche a revisar al taller, *Wenn wir das Auto in die Werkstatt zum Kundendienst gebracht hätten,*	no se **habría estropeado** en la autopista. *dann wäre es auf der Autobahn nicht kaputt gegangen.*
Si hubiera sabido que fuisteis ayer al cine, *Hätte ich gewusst, dass ihr gestern ins Kino gegangen seid,*	**hubiera venido** con vosotros. *dann wäre ich mit euch gekommen.*

Wann benutze ich nun Konditional I im Hauptsatz? Ganz einfach: wenn die nicht erfüllte Bedingung sich auch auf die Gegenwart auswirkt.

Die Konjunktionen

Si hubiera ido al dentista en seguida,
Wenn ich gleich zum Zahnarzt gegangen wäre,

ahora no **tendría** estos dolores de muelas.
dann hätte ich jetzt kein Zahnweh.

10.4 Die Konjunktionen
oder *Das Wörtchen* wenn *und Konsorten*

De camino hacia el mar

Unterwegs zum Meer

Quijote: Komm Sancho, gehen wir in dieses Schloss hinein. Mal sehen, ob man uns hier den Weg zum Meer weisen kann.

Die Konjunktionen

Sancho: Nein, auf keinen Fall! Ich gehe da nicht rein, es sei denn, Ihr versprecht mir, dass wir vorher was essen. Ich sterbe vor Hunger!
Quijote: Ach, Sancho! Du denkst nur ans Essen…

Sancho hat hier sehr deutlich gemacht, was seine Bedingungen sind! Wie wir anhand der Beispiele bereits gesehen haben, gibt es auf Spanisch verschiedene Konjunktionen um eine Bedingung einzuführen. Je nachdem, welche Absichten der Sprecher verfolgt, wird die eine oder andere Konjunktion benutzt. Achten Sie dabei immer auch auf die Zeiten der Verben und ob Indikativ oder *Subjuntivo* folgt!

- Wenn wir eine Bedingung ganz neutral und mit allgemeiner Gültigkeit ausdrücken wollen, dann verwenden wir *si*.

si + Indikativ oder *Subjuntivo* (*siehe* Kapitel 10.1-10.3)

Si tienes ganas, esta tarde podemos ir al cine. Ponen una película muy buena de Pedro Almodóvar.	*Wenn du Lust hast, können wir heute Nachmittag ins Kino gehen. Es läuft ein sehr guter Film von Almodóvar.*

- Will der Sprecher eine Bedingung nennen, die er als unabdingbar ansieht, damit etwas anderes eintritt, dann verwendet er:

siempre que *(vorausgesetzt, dass)*	+ *Subjuntivo*
siempre y cuando *(nur wenn)*	+ *Subjuntivo*
a condición de que *(unter der Bedingung, dass)*	+ *Subjuntivo*
sólo si *(nur wenn)*	+ Indikativ oder *Subjuntivo*

Te dejo el coche **a condición de que** me lo **devuelvas** antes del fin de semana. **Sólo si** me **prometes** no contárselo a nadie, te explico lo que me ha pasado esta mañana.	*Ich leihe dir das Auto aus unter der Bedingung, dass du es mir vor dem Wochenende zurückgibst.* *Nur wenn du mir versprichst, es niemandem zu erzählen, sage ich dir, was mir heute morgen passiert ist.*

Die Konjunktionen

- Wenn der Sprecher überzeugt ist, dass etwas nur durch ein bestimmtes Ereignis verhindert werden kann, dann formuliert er die Bedingung mit:

> *excepto que* (ausgenommen)
> *salvo que* (außer) + *Subjuntivo*
> *a no ser que* (es sei denn, dass)

Da nur noch diese Bedingung etwas verhindern kann, benutzt man solche Konstruktionen normalerweise, wenn man über Pläne oder Projekte spricht, die schon mehr oder weniger entschieden oder beschlossen sind.

El tren sale a las cinco de la tarde **a no ser que lleve** retraso.	*Der Zug fährt um fünf Uhr abends, es sei denn, er hat Verspätung.*
Este domingo vamos a ir todos a la playa, **salvo que llueva**. Entonces tendremos que ver qué hacemos.	*Diesen Sonntag gehen wir alle an den Strand, ausser es regnet. Dann müssen wir sehen, was wir so machen.*

- Wenn die Bedingung für den Sprecher mit etwas Unangenehmen verbunden ist, verwendet er:

> *como* + *Subjuntivo*

¡Ten cuidado con la escalera! **Como te caigas**, te vas a hacer un daño… **Como venga** la jefa ahora y nos **vea** aquí tomando café, tendremos problemas. Eso seguro.	*Pass auf mit der Treppe! Wenn du fällst, tust du dir weh… Wenn jetzt die Chefin kommt und uns hier beim Kaffeetrinken sieht, werden wir Probleme kriegen. Das ist sicher.*

noventa y siete **97**

Der Bedingungssatz: Übungen

- Um eine Möglichkeit auszudrücken, die ziemlich fern liegt, formuliert der Sprecher die Bedingung mit:

en caso de que (für den Fall, dass) + Subjuntivo

Carmen, cuídame al niño esta noche, por favor. **En caso de que se despierte**, te dejo el biberón preparado.

Carmen, pass bitte heute Abend auf das Kind auf. Für den Fall, dass es aufwacht, lasse ich dir die vorbereitete Flasche da.

ÜBUNG 17 ¿Was wäre passiert, wenn …? Helfen Sie uns, diese Hypothesen über Don Quijote und Sancho Panza aufzustellen! Beachten Sie, dass wir hier über die Vergangenheit sprechen!

- Modell: *Como Don Quijote ha leído tantas novelas, está tan loco.*

Si Don Quijote no **hubiera leído** tantas novelas, **no estaría** tan loco.
Wenn Don Quijote nicht so viele Romane gelesen hätte, wäre er nicht so verrückt.

1. Como han viajado por toda España, ahora conocen todas las regiones.
2. Como Don Quijote estaba enamorado, le regalaba rosas a su dama.
3. Como estaba loco, luchó contra los molinos.
4. Como Sancho no conocía la ciudad de Granada, se buscó un guía experto.
5. Como ellos no sabían nadar, no viajaron nunca por mar.

Der Bedingungssatz: Übungen

> **ÜBUNG 18** Träumen Sie doch einfach einmal ein bisschen!

1. Si yo _____ (tener) mucho dinero, _____ (viajar) a Latinoamérica para ver las ruinas de la época precolombina.
2. Si yo _____ (saber) cantar como Montserrat Caballé, _____ (dar) conciertos por toda Europa.
3. Si Antonio Banderas _____ (vivir) en España, seguramente _____ (vivir) en Madrid.
4. Si yo _____ (hablar) seis idiomas perfectamente, _____ (trabajar) en la ONU.
5. Si no _____ (existir) el subjuntivo, no _____ (tener) que estudiar tanto.

11 Die indirekte Rede
oder
Wie man Aussagen anderer wiedergibt

Auch andere klugen Köpfe haben schon Gescheites – oder weniger Gescheites – von sich gegeben. Wenn Sie deren Klugheiten wiedergeben möchten, brauchen Sie die indirekte Rede. So manche peinliche Situation lässt sich außerdem damit retten. Überzeugen Sie sich!

Una situación comprometida

Eine peinliche Situation

Sancho: Was für eine Katastrophe! Und das soll Kunst sein? Das ist ja furchtbar! Welcher Taugenichts war wohl fähig, ein solches Porträt zu malen?

Wiedergabe einer Aussage

Quijote: Er sagt, dass es eine Kostbarkeit ist, dass es ein fantastisches Kunstwerk ist. Er fragt sich, welcher geniale Künstler wohl fähig war, ein so schönes Porträt zu malen. Ähem ...

Die indirekte Rede dient der Wiedergabe von bereits Gesagtem. Das wird durch den Sprecher interpretiert und oftmals auch gekürzt, um an die Gesprächssituation angepasst zu werden.

11.1 Wiedergabe einer Aussage oder *Er sagt, dass...*

Eine Aussage wird im Spanischen mit Verben des Mitteilens wiedergegeben, wie z. B. **decir** (sagen), **comentar** (kommentieren), **explicar** (erklären), **añadir** (hinzufügen) + **que** (dass).

(E≠D) Zwei Unterschiede zum Deutschen sollten wir uns merken: Erstens, darf die Konjunktion **que** (dass) nicht weggelassen werden. Zweitens, verwendet man in der indirekten Rede im Spanischen nicht den *Subjuntivo*, sondern den Indikativ (mit Ausnahme der Befehlsformen)!

direkte Rede	indirekte Rede
Carlos: »Este tema de gramática me parece fácil.«	*Carlos **ha dicho que** ese tema de gramática le **parece** fácil.*
Carlos: »Dieses Grammatikthema erscheint mir leicht.«	Carlos hat gesagt, dass ihm dieses Grammatikthema leicht erscheint.

In der indirekten Rede hängt die Zeit im Nebensatz von der Zeit des die indirekte Rede einleitenden Verbs im Hauptsatz ab:

- Steht im Haupsatz der indirekten Rede Präsens oder Perfekt, dann bleiben im Nebensatz die Zeiten der direkten Rede unverändert:

Wiedergabe einer Aussage

direkte Rede	indirekte Rede
Carlos:	Carlos **dice/ha dicho**
»tengo un examen de español«	que tiene un examen de español.
»he tenido mucho trabajo«	que ha tenido mucho trabajo.
»estudié mucho para el examen«	que estudió mucho para el examen.
»me gustaría hablar bien francés«	que le gustaría hablar bien francés.

- Steht im Hauptsatz der indirekten Rede Imperfekt, *Indefinido* oder Plusquamperfekt, so muss auch im Nebensatz eine Vergangenheitszeit stehen. Die Zeiten werden sozusagen »um eine Zeitstufe zurückgedreht«:

Präsens → Imperfekt
Perfekt → Plusquamperfekt
Indefinido → Plusquamperfekt
Futur → Konditional I

direkte Rede	indirekte Rede
Carlos:	Carlos **decía/dijo/había dicho**
»tengo un examen de español«	que **tenía** un examen de español.
»he tenido mucho trabajo«	que **había tenido** mucho trabajo.
»estudié mucho para el examen«	que **había estudiado** mucho para el examen.
»estudiaré francés el año próximo«	que **estudiaría** francés el año siguiente.

Imperfekt, Plusquamperfekt und Konditional bleiben in der indirekten Rede unverändert!

»Me gustaría ir al cine mañana.«	Dijo que le gustaría ir al cine al día siguiente.
»Ich würde gerne morgen ins Kino gehen.«	Sie sagte, dass sie gerne am nächsten Tag ins Kino gehen würde.

Passen Sie bei den Umwandlungen nicht nur auf die Verben auf, sondern auch auf die Pronomen und Adverbien! Diese müssen an die jeweilige Gesprächssituation angepasst werden:

direkte Rede	indirekte Rede
Me voy, tengo que ir a la biblioteca.	Dice que **se** va, que tiene que ir a la biblioteca.
Ich gehe, ich muss in die Bibliothek.	*Er sagt, er geht, er muss in die Bibliothek.*
He quedado con **mi** hermana **aquí**.	Dijo que había quedado con **su** hermana **allí**.
Ich habe mich mit meiner Schwester hier verabredet.	*Er sagte, er habe sich mit seiner Schwester dort verabredet.*

Manche Wörter und Wendungen werden in der Wiedergabe interpretiert, geändert oder weggelassen:

- ***es que*** …: wird benutzt, um Erklärungen oder Vorwände anzubringen. In der indirekten Rede können dafür Ausdrücke wie ***y por eso*** (und daher) oder Verben wie ***explicar*** (erklären), ***justificarse*** (sich rechtfertigen) verwendet werden.
- ***vale/de acuerdo***: sind zwei Ausdrücke, die Einverständnis zeigen. Wenn wir ein Gespräch wiedergeben, verwenden wir dafür normalerweise Verben wie ***aceptar*** (akzeptieren) oder ***decir que sí*** (ja sagen).
- ***oye/oiga***: mit diesen Wörtern wollen wir Aufmerksamkeit erregen. In diesen Fällen müssen wir uns abhängig vom Kontext entscheiden, ob wir sie weglassen oder durch ein Verb wie ***llamar*** (rufen) ersetzen.

11.2 Wiedergabe einer Frage bzw. einer Bitte oder eines Befehls oder *Stille Post*

Don Quijote el políglota

Don Quijote, der Polyglotte

Reisefachfrau: Do you want to sit next to the window?
Sancho: Und was bedeutet das?
Quijote: Sie hat gefragt, ob wir neben dem Fenster sitzen wollen.
Sancho: Uff, nein! Mit der Angst, die ich habe, möchte ich lieber nichts sehen!

Will man im Spanischen eine Frage wiedergeben, die kein Fragewort enthält, so wird die indirekte Rede von Verben des Fragens wie **preguntar**, **querer saber** + **si** (fragen, wissen wollen + ob) eingeleitet. Falls die

Frage ein Fragewort besitzt wie **cuándo** (wann), **quién** (wer), **dónde** (wo), **cuánto** (wie viel), **qué** (wer, was) bleibt dieses in der indirekten Rede erhalten.

direkte Rede	indirekte Rede
»¿Cuándo empieza el curso?« Wann geht der Kurs los?	Pregunta cuándo empieza el curso. Sie fragt, wann der Kurs losgeht.
»¿Quién da las clases?« Wer unterrichtet?	Quiere saber quién da las clases. Sie möchte wissen, wer unterrichtet.
»¿Venís a la reunión esta tarde?« Kommt ihr zu der Sitzung heute Abend?	Quiere saber si venimos a la reunión esta tarde. Sie möchte wissen, ob wir heute Abend zur Sitzung kommen.

Wird in der direkten Rede eine Bitte oder Aufforderung durch den Imperativ geäußert, verwandelt sich dieser in der indirekten Rede in einen *Subjuntivo*. Dieser Umformulierung entspricht im Deutschen das Verb »sollen«.

direkte Rede	indirekte Rede
»¡Ven a mi casa esta tarde!« Komm heute Nachmittag zu mir!	Dice que **vayas** a su casa esta tarde. Sie sagt, du sollst heute Nachmittag zu ihr/ihm gehen.
»Llámame mañana sobre las 12.« Ruf mich morgen gegen 12 Uhr an.	Ha dicho que le **llames** mañana sobre las doce. Sie hat gesagt, du sollst sie/ihn morgen gegen 12 Uhr anrufen.

Also gut aufpassen: In der indirekten Rede wird Indikativ zu *Subjuntivo* nur, wenn es sich um einen Imperativ handelt!

Die indirekte Rede: Übungen

 Manche Fragen verlangen gar keine Information, sondern enthalten einfach einen Ratschlag, eine Empfehlung oder eine Bitte. Ebenso dienen Imperative nicht nur dem Erteilen von Befehlen, sondern sind auch ein Mittel, um etwas nett zu formulieren, jemanden einzuladen usw. In diesen Fällen muss sie derjenige, der sie in der indirekten Rede wiedergibt, richtig interpretieren. **¿Tienes hora?** (Weißt du, wie spät es ist?) kann sich z. B. in **yo no tenía hora** (ich wusste nicht, wie spät es war) oder **me di cuenta de que no sabía qué hora era** (ich merkte, dass ich nicht wusste, wie spät es war) verwandeln.Halten Sie sich deshalb immer an den kommunikativen Kontext, sonst kann ihre Aussage falsch verstanden werden!

ÜBUNG 19 Sie bekommen einen Telefonanruf von Ihrer Freundin Margarita am Freitag Abend. Leider sitzen Sie gemütlich in der Badewanne und können nicht ans Telefon. Ihr Freund übermittelt das Gespräch.

»¿Qué estás haciendo?« → *Pregunta qué estás haciendo.*
1. »¿Tienes algún plan para esta noche?«
2. »¿Te apetece salir a tomar algo?«
3. »Mañana quiero ir a comprar al centro, ¿quieres venir?«
4. »¿A qué hora te paso a buscar?«
5. »Pues, hasta luego.«

ÜBUNG 20 Eine Freundin ist in Urlaub gefahren und hinterlässt einen Zettel mit einigen Bitten. Können Sie diese wiedergeben?

Dijo que ...
1. »Voy a estar dos semanas en Canarias, te llamaré desde allí.«
2. »Por favor, ¿puedes regarme las plantas de vez en cuando?«
3. »Controla el buzón cada dos o tres días, normalmente recibo mucho correo.«
4. »¿Le darás de comer al periquito? Muchas gracias por todo.«

12 Das Adverb
oder

Wie man Handlungen beschreibt und näher bestimmt

Adverbien helfen uns, ein Verb, ein Adjektiv oder einen ganzen Satz näher zu bestimmen, d. h. sie geben an, wie, wo und wann etwas geschieht und wie sehr eine Eigenschaft ausgeprägt ist.

Una carrera emocionante

Ein spannendes Rennen

Sancho: Herr Quijote, meint Ihr nicht, dass diese Wagen ziemlich schnell fahren?
Quijote: Ja, Sancho, du hast Recht. Sie fahren sehr schnell! Was ich allerdings nicht verstehe, ist, wo das Pferd drin steckt!

12.1 Die Formen des Adverbs oder *Hier und dort*

Es gibt unzählig viele Adverbien! Ihrem Inhalt nach unterscheidet man:

- Adverbien der Zeit:

hoy	heute	tarde	*spät*
ayer	*gestern*	nunca	*nie*
mañana	*morgen*	a veces	*manchmal*
pasado mañana	*übermorgen*	a menudo	*oft*

- Adverbien des Ortes:

aquí	*hier*	lejos	*weit*
allí, ahí	*dort*	arriba	*oben*
cerca	*nah*	abajo	*unten*

- Adverbien der Art und Weise:

bien	*gut*	peor	*schlechter*
mal	*schlecht*	así	*so*
mejor	*besser*		

- Adverbien der Menge:

bastante	*ziemlich/genug*	nada	*nichts*
demasiado	*zu viel*	algo	*etwas*
mucho	*viel*	menos	*weniger*
más	*mehr*		

- Adverbien, mit denen man Bejahung, Verneinung oder Zweifel ausdrückt:

sí	*ja*	tampoco	*auch nicht*
no	*nein*	quizás	*vielleicht*
también	*auch*	nunca	*nie*

Die Formen des Adverbs

Sie vermissen in dieser Liste bestimmt Adverbien wie *rápidamente* (schnell), *tranquilamente* (langsam), *evidentemente* (offensichtlich).

Im Spanischen gibt es nämlich zwei Arten von Adverbien:

- ursprüngliche oder einfache Adverbien (**aquí, bien, hoy** usw.)
- und abgeleitete Adverbien auf **-mente**.

Die abgeleiteten Adverbien werden gebildet, indem man die Endung **-mente** an die weibliche Form des Adjektivs anhängt.

estupenda	estupenda**mente**
extraordinaria	extraordinaria**mente**
rápida	rápida**mente**

Dreierlei sollten Sie bei der Ableitung beachten! Erstens: Auch Adjektive, die auf einen Konsonanten oder auf **-e** enden, bilden das Adverb auf **-mente**. Zweitens: wenn das Adjektiv einen Akzent trägt, bleibt dieser beim Adverb erhalten, obwohl die Betonung auf **-mente** liegt. Und zuletzt: nicht alle Adjektive bilden die Adverbform auf **-mente**!

feli**z**	feliz**mente**
pacient**e**	paciente**mente**
c**ó**moda	cómoda**mente**
alto	**alto**
barato	**barato**

12.2 Der Gebrauch des Adverbs
oder *Werden Sie genauer*

¿Quién será el primero en llegar?

Wer wird als Erster ankommen?

Sancho: Seht, Don Quijote, dort fährt der spanische Wagen!
Quijote: Wo? Ich sehe ihn nicht.
Sancho: Natürlich, Mensch. Er ist noch ziemlich weit weg. Zwischen dem Deutschen und dem Engländer, rechts vom Finnen und links vom Brasilianer. Und auf dem Franzosen!

Nicht nur in der Formel 1 ist die Platzierung von Bedeutung, auch bei den Adverbien kommt es auf den richtigen Platz an. Nun, im Spanischen kann das Adverb am Satzanfang, am Satzende oder in der Mitte des Satzes stehen.

Der Gebrauch des Adverbs

- In der Regel steht das Adverb nach dem Verb, es sei denn, wir wollen das Adverb betonen:

He comido **demasiado**, me encuentro **mal**.	Ich habe zu viel gegessen, mir ist schlecht.
Pronto saldrá el tren para Toledo, tenemos que darnos prisa.	Gleich fährt der Zug nach Toledo ab, wir müssen uns beeilen.

- Adverbien, die sich auf ein Adjektiv oder ein Adverb beziehen, stehen normalerweise vor diesem:

No puede ser que siempre llegues **demasiado** tarde.	Es kann nicht sein, dass du immer zu spät kommst.

- Adverbien, die Zweifel ausdrücken, stehen normalerweise vor dem Verb:

Quizás vamos este fin de semana a la sierra, pero depende del tiempo.	Vielleicht gehen wir dieses Wochenende in die Berge, aber es hängt vom Wetter ab.

- Wenn nach dem Verb **nunca** (nie), **jamás** (niemals), **tampoco** (auch nicht) oder **nada** (nichts) folgt, muss vor dem Verb **no** stehen:

No veo **nada**, ¿quién ha apagado la luz?	Ich sehe nichts, wer hat das Licht ausgemacht?

Spanischlernenden ist oft der Unterschied zwischen **muy** und **mucho** nicht ganz klar. Sie hingegen werden diese beiden hilfreichen Wörter ab sofort nicht mehr verwechseln!

- **Muy** ist ein Adverb und steht vor Adjektiven oder Adverbien:

El examen de francés me ha parecido **muy** difícil.	Die Französischklausur kam mir sehr schwer vor.

Der Gebrauch des Adverbs

- **Mucho** ist als Adverb unveränderlich und steht bei Verben oder allein:

¿Te gustan las tapas de tortilla francesa? – Sí, **mucho**.	*Magst du die Omelette-Tapas? – Ja, sehr.*
Este invierno ha llovido **muchísimo** en el norte de España.	*Diesen Winter hat es in Nordspanien sehr viel geregnet.*

- **Mucho** kann auch die Funktion eines Adjektivs übernehmen. In diesem Fall ist es veränderlich und richtet sich nach dem dazugehörigen Substantiv:

Hay que tener **mucha** paciencia para aprender a tocar un instrumento.	*Man muss sehr viel Geduld haben, um ein Instrument spielen zu lernen.*

Weil die Adverbien so oft vorkommen, wollen wir das Gelernte mit ein paar Übungen festigen!

ÜBUNG 21 Verwandeln Sie die Adjektive in Adverbien mit *-mente*.

1. inteligente
2. espontáneo
3. tranquilo
4. sabio
5. tímido
6. dulce
7. perezoso
8. rápido
9. silencioso
10. feliz
11. cuidadoso
12. práctico

Das Adverb: Übungen

ÜBUNG 22 — Sancho war den ganzen Tag unterwegs. Was sagt er und wo war er?

Setzen Sie in die linke Spalte **muy** und **mucho** ein. Für die rechte stehen **panadería, restaurante, ópera, banco, cine** und **museo** zur Auswahl:

Was?	Wo?
1. Esta obra de Verdi me ha gustado _____ .	
2. Penélope Cruz es una actriz _____ atractiva.	
3. El cuadro de Guernica es _____ grande.	
4. Me he comido dos croasanes y un panecillo _____ ricos.	
5. He ido al cajero automático, pero no me queda _____ dinero…	
6. He pedido una sopa de pescado, pero estaba _____ salada.	

13 Das Pronomen
oder
Ich, die anderen und meine Umwelt

13.1 Das Personalpronomen <u>oder</u> *Ich und du*

Ohne Pronomen müssten wir uns den Mund fusselig reden: Die kleinen Helfer erleichtern die Verständigung, indem sie unsere Sätze verkürzen, auflockern und auf das Wesentliche konzentrieren.

Una visita al zoo

Ein Besuch im Zoo

Wärter: Hören Sie!   Sancho: Wer, ich?
Wärter: Nein, nicht Sie, Sie!   Sancho: Wer, er?

Wärter: Ja, klar. Seien Sie so gut und kommen Sie mit mir. In diesem Aufzug erschrecken Sie mir noch die Elefanten!

13.1.1 Das Subjektpronomen

13.1.1.1 Formen und Gebrauch

(Nominativ)	Singular	Plural
1. Person	**yo** *ich*	**nosotros, -as** *wir*
2. Person	**tú** *du*	**vosotros, -as** *ihr*
3. Person	**él** *er*	**ellos** *sie*
	ella *sie*	**ellas** *sie*
Höflichkeitsform	**usted** *Sie*	**ustedes** *Sie*

(E>D) Anders als im Deutschen wird das Subjektpronomen im Spanischen nur zur Unterscheidung verschiedener Personen gebraucht oder wenn die entsprechende Person hervorgehoben werden soll.

– ¿Y estudiáis los dos alemán?   *Und lernt ihr beide Deutsch?*
– Bueno, **ella** sí. **Yo** estudio francés.   *Also, sie schon. Ich lerne Französisch.*

(E>D) Noch zwei weitere Unterschiede zum Deutschen sollten Sie sich merken:

- bei der Höflichkeitsform **usted** *(Ud./Vd.)* steht das Verb in der dritten Person Singular;
- die erste **(nosotros, -as)** und zweite **(vosotros, -as)** Person Plural haben eine männliche und eine weibliche Endung.

¿**Es** usted la señora Larriaga?   *Sind Sie Frau Larriaga?*
¿Quién se encarga de comprar las flores?   *Wer kümmert sich um die Blumen?*
– **Nosotras,** no te preocupes.   *– Wir, mach dir keine Sorgen.*

Das Personalpronomen

 In einigen lateinamerikanischen Ländern wird die Form **vos** statt **tú** gebraucht. Auch bei **vosotros** gibt es einen Unterschied zu Spanien: Diese Form wird durch **ustedes** ersetzt. Wundern Sie sich also nicht, wenn Sie dort immer gesiezt werden!

13.1.2 Das Objektpronomen

13.1.2.1 Formen und Gebrauch

Objektpronomen indirektes Objekt (Dativ)	Objektpronomen direktes Objekt (Akkusativ)	Reflexivpronomen	Pronomen nach Präpositionen (betonte Form)
me *mir*	me *mich*	me *mich*	a* mí *mir/mich*
te *dir*	te *dich*	te *dich*	a ti *dir/dich*
le *ihm*	lo *ihn*	se *sich*	a él *ihm/ihn*
le *ihr*	la *sie*	se *sich*	a ella *ihr/sie*
le *Ihnen*	lo/la *Sie*	se *sich*	a usted *Ihnen/Sie*
nos *uns*	nos *uns*	nos *uns*	a nosotros *uns*
os *euch*	os *euch*	os *euch*	a vosotros *euch*
les *ihnen*	los *sie*	se *sich*	a ellos *ihnen/sie*
les *ihnen*	las *sie*	se *sich*	a ellas *ihnen/sie*
les *Ihnen*	los/las *Sie*	se *sich*	a ustedes *Ihnen/Sie*

* Mit der Präposition **con** entstehen zwei besondere Formen:
con + mí = **conmigo**
con + ti = **contigo**

13.1.2.2 Die Stellung des Objektpronomens

Objekt- und Reflexivpronomen stehen immer direkt **vor** dem konjugierten Verb:

Le he mandado el formulario por fax.	*Ich habe Ihnen das Formular per Fax geschickt.*

Das Personalpronomen

Beim *Gerundio* sowie in Konstruktionen mit Hilfsverb + Infinitiv werden die Pronomen entweder an das *Gerundio* bzw. den Infinitiv angehängt oder sie stehen vor der konjugierten Verbform:

Cristina, ¿has planchado ya la blusa blanca? – No, **la** estoy planchando ahora. Este verano queremos ir**nos** de vacaciones a la Costa del Azahar.	*Cristina, hast du die weiße Bluse schon gebügelt? – Nein, ich bügele sie gerade eben. Diesen Sommer möchten wir Urlaub an der Costa del Azahar machen.*

Beachten Sie die Stellung der Pronomen beim Imperativ! Bei der bejahten Form werden die Pronomen **immer angehängt**, bei der verneinten Form stehen sie indes **immer direkt davor**.

Treffen ein Dativ- und Akkusativpronomen zusammen, steht Dativ vor Akkusativ:

¿Me llevo los archivos a casa? – Sí, lléva**telos**. ¿Te compro los medicamentos? – No, no **me los** compres.	*Soll ich die Ordner nach Hause mitnehmen? – Ja, nimm sie mit. Soll ich dir die Medikamente kaufen? – Nein, kauf sie mir nicht.*

In der 3. Person werden **le** und **les** zu **se**!

le + la → se la	les + las → se las
le + lo → se lo	les + los → se los

¿Ya le has contado a tu madre la buena noticia? – No, **se la** contaré mañana.	*Hast du deiner Mutter schon die gute Nachricht mitgeteilt? – Nein, ich werde sie ihr morgen mitteilen.*

Zur Hervorhebung oder um Missverständnisse zu vermeiden, kann ein Satz im Spanischen zwei Pronomen für ein indirektes Objekt enthalten:

Das Personalpronomen: Übung

*A **ella le** encanta viajar, pero a mí no.*

Sie reist sehr gerne, aber ich nicht.

 Wenn ein direktes Objekt am Satzanfang steht, muss es durch ein unbetontes Pronomen aufgenommen werden.

*La verdura **la** pongo en la nevera, ¿de acuerdo?*
*El libro **lo** tengo en casa.*

Das Gemüse lege ich in den Kühlschrank, einverstanden?
Das Buch habe ich zu Hause.

So, jetzt ist höchste Zeit, die Personalpronomen zu üben. Viel Spaß!

ÜBUNG 23 Wir haben ein paar Gespräche belauscht, konnten aber nicht alles verstehen. Ergänzen Sie die Dialoge mit den entsprechenden Pronomen.

1. Cristina, ¿quién te ha regalado las flores?

– ¿Las flores? Pues _____ ha regalado Carlos.

2. Javier, ¿le has preguntado a tu hermano si viene mañana al cine con nosotros?

– Anda, no. _____ preguntaré esta tarde.

3. ¿Ya sabes que Francisco se va un año a EE.UU. a estudiar?

– Pues no, no _____ sabía.

4. María, ¿quién _____ ha dicho que mañana es fiesta?

– No me acuerdo. Me parece que _____ ha dicho Esteban.

5. Oye, ¿qué _____ pasa a tu madre?

– No es nada importante, sólo _____ duele un poco la cabeza.

6. ¿Me dejas tu CD de Presuntos Implicados?

– Lo siento, pero es que _____ he dejado a Juan.

13.2 Das Possessivpronomen
oder *Was mein ist, ist auch dein*

13.2.1 Das unbetonte Possessivpronomen

Un amor imposible

Eine unmögliche Liebe

Sancho: Don Quijote, was ist mit Eurem Pferd los?
Quijote: Rocinante, komm, mach keinen Blödsinn, du bist doch erwachsen genug! Außerdem ist dieses Zebra nicht dein Typ.

Das Possessivpronomen

13.2.1.1 Die Formen des unbetonten Possessivpronomens

Singular		Plural	
mi hija	*meine Tochter*	**mis** hijas	*meine Töchter*
tu tío	*dein Onkel*	**tus** tíos	*deine Onkel*
su prima	*seine, ihre, Ihre Cousine*	**sus** primas	*seine, ihre, Ihre Cousinen*
nuestro abuelo	*unser Großvater*	**nuestros** abuelos	*unsere Großväter*
nuestra hija	*unsere Tochter*	**nuestras** hijas	*unsere Töchter*
vuestro padre	*euer Vater*	**vuestros** padres	*eure Väter, Eltern*
vuestra abuela	*eure Großmutter*	**vuestras** abuelas	*eure Großmütter*
su hijo	*ihr, Ihr Sohn*	**sus** hijos	*ihre, Ihre Söhne*

3.2.1.2 Der Gebrauch des unbetonten Possessivpronomens

Das unbetonte Possessivpronomen steht immer vor dem Substantiv und stimmt in Geschlecht und Zahl mit seinem Bezugswort überein. Das bedeutet:

(E D) Das unbetonte Possessivpronomen richtet sich nach dem Besitzobjekt und nicht nach dem Besitzer! Achten Sie deshalb besonders auf die Geschlechtsbestimmung bei **nuestro** und **vuestro**!

nuestra hija
unsere Tochter
nuestro hijo
unser Sohn

nuestras hijas
unsere Töchter
nuestros hijos
unsere Söhne

Ist Ihnen schon aufgefallen, dass das spanische Possessivpronomen **su** kaum etwas über den Besitzer verrät? Ob er weiblich oder männlich ist bzw. ob es einer oder mehrere sind, muss im Gespräch und abhängig vom Textzusammenhang herausgefunden werden:

Das Possessivpronomen

Su hermana me cae muy bien.	*Seine/ihre/Ihre Schwester finde ich sehr nett.*
– ¿A quién te refieres?	*– Wen meinst du?*

Lässt der Text keine eindeutigen Rückschlüsse auf den Besitzer zu, wird statt **su** der bestimmte Artikel sowie **de** + Personalpronomen bzw. **usted/ustedes** verwendet:

Es su gato → *Es el gato*	**de él**	*Es ist seine Katze.*
	de ella	*ihre Katze*
	de usted, -es	*Ihre Katze (Singular und Plural)*
	de ellos	*ihre Katze (maskulin Plural)*
	de ellas	*ihre Katze (feminin Plural)*

(E/D) Die Possessivpronomen werden im Spanischen nicht so oft verwendet wie im Deutschen. Wenn wir auf Spanisch über etwas sprechen, das man bei jemandem sowieso voraussetzt, etwa Körperteile oder Kleidungsstücke, benutzen wir eher einen Artikel oder eine reflexive Konstruktion:

Deutsch	Spanisch
*Julia, wasch **dir deine** Hände.*	Julia, láva**te las** manos.
*Meine Ohren tun **mir** weh.*	**Me** duelen **los** oídos.

13.2.2 Das betonte Possessivpronomen

13.2.2.1 Die Formen des betonten Possessivpronomens

Singular		Plural	
mío/mía	*meine/r/s*	**míos/mías**	*meine*
tuyo/tuya	*deine/r/s*	**tuyos/tuyas**	*deine*
suyo/suya	*seine/r/s ihre/r/s, Ihre/r/s*	**suyos/suyas**	*seine, ihre, Ihre*
nuestro/nuestra	*unsere/r/s*	**nuestros/nuestras**	*unsere*
vuestro/vuestra	*eure/r/s*	**vuestros/vuestras**	*eure*
suyo/suya	*ihre/r/s, Ihre/r/s*	**suyos/suyas**	*ihre, Ihre*

13.2.2.2 Der Gebrauch des betonten Possessivpronomens

■ Wenn wir bereits wissen, wovon die Rede ist, weil es schon im Gespräch erwähnt wurde oder implizit ist, benutzen wir anstelle des unbetonten Possessivpronomens folgende Struktur:

Artikel *(el, la, una ...)* oder Demonstrativpronomen *(éste, ése, aquél)* + betontes Possessivpronomen *(mío, tuyo usw.)*:

Mi hermana estudia Ciencias Políticas.
Meine Schwester studiert Politikwissenschaft.
– **La mía** estudia Pedagogía.
– Die meine studiert Pädagogik.
Me he olvidado las zapatillas de deporte.
Ich habe meine Turnschuhe vergessen.
– No te preocupes, coge **éstas mías**.
– Mach dir keine Sorgen, nimm die meinen.

■ Will man wissen, wem was gehört, lautet die Frage:

¿De quién es (+Subjekt)?

Das Possessivpronomen

Die Antwort wird mit dem betonten Possessivpronomen gegeben, jedoch ohne Artikel:

> **ser + mío/tuyo/suyo ...**
> ¿**De quién es** esta libreta que se ha quedado sobre la mesa?
> – Es **mía**, muchas gracias.
>
> *Wem gehört dieses Heft, das auf dem Tisch liegen geblieben ist?*
> *– Es ist meines, vielen Dank.*

- Spricht man von einer Person oder Sache aus einer Gruppe von mehreren, steht der betonte Possessivbegleiter ohne Artikel hinter dem Substantiv:

> Esta tarde viene un amigo **mío** a verme.
> Aquella amiga **tuya** que me presentaste la semana pasada, ¿cómo se llama?
>
> *Heute Nachmittag kommt ein Freund von mir mich besuchen.*
> *Diese Freundin von dir, die du mir letzte Woche vorgestellt hast, wie heißt sie?*

Alles klar? Dann können Sie jetzt problemlos die Übungen meistern!

ÜBUNG 24 Bei einem Besuch im Zoo haben wir folgende Sätze mitbekommen.
Welche Möglichkeit ist richtig?

1. **Nuestro/el nuestro** hermano mayor tiene un gato siamés en **suya/su/la suya** casa.
2. **Mi/mía/la mía** tortuga se llama Casiopea.
– Pues, **mi/la mía/mías** se llama Gordita.
3. ¿De quién es este plátano?
– Es **su/suyo/tuyo**/, del gorila.
4. Un amigo **mi/mío/el mío** tiene un bóxer en casa. Es un perro muy fiel.
5. **Vuestros/vuestra/la vuestra** gata es muy simpática, siempre viene a saludarnos.

Das Demonstrativpronomen

13.3 Das Demonstrativpronomen oder *Dieser und jener*

Mit Hilfe des Demonstrativpronomens wird etwas in räumlichen, zeitlichen oder sonstigen Bezug zum Sprecher bzw. Angesprochenen gebracht. Je nachdem, in welcher Relation sich das bezeichnete Objekt oder Ereignis zum Sprecher befindet, unterscheidet das Spanische drei verschiedene Entfernungsstufen. Das zeigt Ihnen der folgende Dialog zwischen Don Quijote und Sancho Panza:

Problemas de orientación*

Orientierungsprobleme
Quijote: Sancho, in dieser Karte steht, dass da die Kirche ist. Aber was kann dieses Gebäude dort sein?
Sancho: Herr Quijote, in meinem Dorf haben wir solche Sachen nicht! Für eine Windmühle scheint es mir ziemlich groß...

---

* Don Quijote und Sancho treffen in Bilbao auf das moderne Gebäude des Guggenheim-Museums.

Das Demonstrativpronomen

13.3.1 Die Formen des Demonstrativpronoms

	maskulin	feminin	Lage des Gegenstandes oder der Person
Singular	*este* señor	*esta* señora	**aquí**
Plural	*estos* señores	*estas* señoras	(in der Nähe des Sprechers)
Singular	*ese* árbol	*esa* mesa	**ahí**
Plural	*esos* árboles	*esas* mesa	(etwas entfernt vom Sprecher, eher in der Nähe des Angesprochenen)
Singular	*aquel* coche	*aquella* casa	**allí**
Plural	*aquellos* coches	*aquellas* casas	(weiter entfernt von Sprecher und Angesprochenem)

13.3.2 Der Gebrauch des Demonstrativpronoms

Das Demonstrativpronomen steht vor dem Substantiv und richtet sich in Geschlecht und Zahl nach diesem.

- ***este, esta, estos, estas*** werden mit Personen oder Dingen gebraucht, die sich in der Nähe des Sprechers befinden. Um diese Nähe zwischen dem Sprecher und dem Objekt zu verdeutlichen, wird oft zusätzlich das Adverb ***aquí*** (hier) verwendet.

Esta foto la hicimos **aquí**, delante del Museo Guggenheim de Bilbao.	*Dieses Bild haben wir hier vor dem Guggenheimmuseum in Bilbao gemacht.*
Aquí, en **este** lugar, nos vimos por primera vez.	*Hier an diesem Ort haben wir uns zum ersten Mal gesehen.*

Das Demonstrativpronomen

Die Nähe zum Objekt bzw. Ereignis kann auch zeitlich gemeint sein:

esta mañana	*heute Morgen, heute Vormittag*
esta tarde	*heute Nachmittag, heute Abend*
esta noche	*heute Abend, heute Nacht*

- **ese, esa, esos, esas** werden mit Personen oder Gegenständen gebraucht, die örtlich bzw. zeitlich vom Sprecher etwas weiter entfernt sind oder sich in der Nähe des Angesprochenen befinden. Das entsprechende Adverb ist **ahí** (da).

¿Has visto **ese** edificio de **ahí**, qué ventanas más grandes tiene?	*Hast du das Gebäude da gesehen, was für große Fenster es hat?*
Ese verano fue el más caluroso.	*Jener Sommer war der heißeste.*

- **aquel, aquella, aquellos, aquellas** werden mit Personen oder Gegenständen gebraucht, die weit entfernt von Sprecher und Angesprochenem sind. Das entsprechende Adverb ist **allí** (dort).

Mira, **aquel** señor que pasa por **allí** es el dueño del restaurante donde comimos ayer.	*Sieh mal, der Mann, der dort vorbeigeht, ist der Besitzer des Restaurants, in dem wir gestern gegessen haben.*
Aquel día fue precioso, no lo olvidaré nunca.	*Jener Tag war wunderschön, ich werde ihn nie vergessen.*

Beachten Sie den Unterschied zwischen Spanien und Lateinamerika: In manchen lateinamerikanischen Ländern wird vor allem im familiären Bereich auch **acá** statt **aquí** und **allá** statt **allí** verwendet.

Die Demonstrativpronomen können auch alleine, d.h. in Vertretung eines Substantivs stehen. Sie tragen dann einen Akzent:

¿Vas a comparar **este** libro? – No, prefiero **éste**.	*Wirst du dieses Buch kaufen?* *– Nein, lieber dieses.*

Das Demonstrativpronomen: Übung

Es gibt auch noch die neutralen Formen **esto, eso, aquello**. Diese beziehen sich immer auf Sachen, Handlungen oder Begriffe, die der Sprecher nicht bezeichnen bzw. identifizieren kann oder will. Diese Formen stehen nie neben einem Substantiv, sondern sie ersetzen es! Sie tragen auch nie Akzent!

> Y, ¿cuánto es todo **esto**?
> – Pues, 1350 pts., por favor.
> ¿Qué es **aquello** de allí?
> – No lo sé, pero creo que son viejas ruinas.

> Und wie viel macht das alles?
> – Nun, 1.350 Peseten, bitte.
> Was ist das dort drüben?
> – Ich weiss es nicht, aber ich glaube, dass es alte Ruinen sind.

ÜBUNG 25 Ergänzen Sie die Dialoge mit den entsprechenden Demonstrativpronomen:

1. Mira, ¿has visto _____ zapatos de aquí, qué bonitos son?

– Pues, no sé qué decirte. La verdad es que _____ de ahí me gustan más.

2. Recuerdo con cariño el verano del 75. ¡ _____ fue un verano precioso!

3. Cristina, toma. _____ es para ti.

– Anda, muchísimas gracias. ¿Pero por qué te has molestado?

4. Felipe, ¿me pasas _____ libro de ahí?

– Sí, claro. Aquí lo tienes.

5. Creo que el señor Ortega tiene problemas con Hacienda.

– Hombre Carlos, ten cuidado, _____ que dices es muy fuerte.

Das Indefinitpronomen

13.4 Das Indefinitpronomen
oder *Wer nichts getan hat, ist niemand*

Mit dem Indefinitpronomen bezeichnet man Personen, Sachen oder Sachverhalte, die nicht näher bestimmbar sind. Sie haben diese Art von Pronomen sicher schon oft verwendet; welche der drei Möglichkeiten ist Ihrer Meinung nach richtig?

> ¿Ha llamado **alguien?**   *Hat jemand angerufen?*
> a. – No, no ha llamado **nada**.   *– Nein, es hat niemand angerufen.*
> b. – No, no ha llamado **nadie**.
> c. – No, no ha llamado **ningún**.

Genau! Es ist der zweite Mini-Dialog! Damit Sie in Zukunft nicht nur raten, sondern Ihre Antwort begründen können, sollten Sie dieses Kapitel unbedingt durchlesen!

Un sitio tranquilo para descansar …

Ein ruhiger Ort zum Entspannen

Quijote: Sancho, können wir nicht anderswohin baden gehen?
Zu einer etwas ruhigeren Bucht, irgendeiner … hier sind zu viele Leute.
Sancho: Aber mein Herr, hier ist mehr los!

Das Indefinitpronomen

Wir unterscheiden im Spanischen zwischen Indefinitpronomen, die zusammen mit einem Substantiv (adjektivisch bzw. als Begleiter) verwendet werden und solchen, die alleine (substantivisch bzw. als Pronomen) stehen. Es gibt auch welche, die beide Funktionen haben können.

13.4.1 Indefinitbegleiter

■ *cada*

cada ist unveränderlich und bedeutet je nach Kontext »jede/r/s, alle, je«. Wir verwenden *cada*, wenn wir uns auf Teile eines Ganzen beziehen, die wir einzeln bzw. nacheinander nennen möchten:

Veraneamos **cada** verano en Sitges.	*Wir verbringen jeden Sommerurlaub in Sitges.*
El autobús pasa **cada** diez minutos.	*Der Bus kommt alle zehn Minuten.*
Hay un ordenador para **cada** dos alumnos.	*Es gibt einen Computer für je zwei Schüler.*

 Wenn das Substantiv, auf das sich *cada* bezieht, bereits genannt wurde, nimmt man dieses mit *cada uno/una* auf:

Prepararon cinco salsas y **cada una** era diferente, ¡estaban todas buenísimas!	*Sie bereiteten fünf Soßen zu und jede einzelne war anders, alle waren köstlich!*

■ *cualquier*

Auch *cualquier* ist unveränderlich. Die Bedeutung ist »irgendein/e, jede/r/s beliebige«. Im Unterschied zu *cada* wird *cualquier* dann verwendet, wenn man über etwas spricht, dessen Identität unwichtig ist:

La revista »Hola« la puedes comprar en **cualquier** quiosco.	*Die Zeitschrift Hola kannst du an jedem beliebigen Kiosk kaufen.*

Dieser Indefinitbegleiter kann auch nach dem Substantiv stehen und lautet dann *cualquiera*. Damit können Sie noch deutlicher hervorheben, dass es Ihnen nicht auf eine bestimmte Auswahl ankommt!

ciento veintinueve

¿Me compras una revista **cualquiera**?

Kaufst du mir irgendeine Zeitschrift?

■ **cierto**

cierto ist veränderlich und passt sich an das Substantiv an: **cierto, cierta, ciertos, ciertas**. Es bedeutet »ein/e gewisse/r/s«. Mit **cierto** spricht man über eine Person oder Sache, die unbekannt bzw. deren Identität nicht klar ist. Sie können mit diesem Indefinitbegleiter auch einen gewissen Abstand zum Objekt zeigen:

¿Y quién ha escrito este artículo tan polémico?
*– Pues, un **cierto** Andrés Palomares. Dicen que es especialista en estos temas.*

Und wer hat diesen polemischen Artikel geschrieben?
– Nun, ein gewisser Andrés Palomares. Man sagt, dass er ein Experte auf diesem Gebiet sei.

13.4.2 Eigentliche Indefinitpronomen

Desesperado

Verzweifelt

Quijote: Meine Damen und Herren, hat hier jemand irgendwo meine Dulcinea del Toboso gesehen?

Das Indefinitpronomen

■ **alguien, nadie**

alguien (jemand) und **nadie** (niemand) sind unveränderliche Pronomen, die entweder vor oder nach dem Verb stehen können. Mit ihnen spricht man über eine undefinierte Person im Allgemeinen, ohne dabei eine bestimmte Gruppe zu meinen.

Mit **alguien** bezieht sich der Sprecher auf eine Person, deren Existenz er für möglich hält. **Alguien** steht in bejahten Sätzen und Fragesätzen. Dagegen drückt man mit **nadie** das Nichtvorhandensein von Personen aus. Es steht daher immer in verneinten Sätzen und Fragesätzen.

Carlos, ¿ha llamado **alguien** esta tarde? – No, **nadie**.	Carlos, hat jemand heute Nachmittag angerufen? – Nein, niemand.

 Sie können auf eine solche Frage entweder nur mit dem Pronomen **nadie** antworten oder auch ein **no** davor setzen. Die zweite Variante zeigt etwas mehr Kooperation von Ihrer Seite und wirkt netter!

■ **algo, nada**

Auch **algo** (etwas) und **nada** (nichts) sind unveränderlich. Mit ihnen bezeichnet man eine undefinierte Sache, ohne dabei etwas Bestimmtes zu meinen. **Algo** steht immer in bejahten Sätzen und Fragesätzen, **nada** dagegen immer in verneinten (*siehe **alguien/nadie***).

 Diese Pronomen können auch mit Relativsätzen erscheinen, wenn man nach jemandem oder etwas fragt. Vergessen Sie dabei den *Subjuntivo* nicht!

¿Hay **alguien** que **sepa** francés?	Gibt es jemanden, der Französisch kann?
¿De veras no hay **nada** que te **interese**?	Gibt es wirklich nichts, was dich interessiert?

Das Indefinitpronomen

 Wenn Sie in einer Frage **alguien** oder **algo** verwenden, zeigen Sie, dass Sie für jede Art von Antwort offen sind. Dagegen erwarten Sie auf eine Frage mit **nada** bzw. **nadie** eher eine negative Antwort, auch wenn sie nachher positiv ausfallen sollte. Vergleichen Sie einmal die Wirkung der beiden Fragen! Wie wird der Gast auf die jeweilige Frage reagieren?

*¿Quieres tomar **algo**?*	*Willst du was trinken?*
*¿No quieres tomar **nada**?*	*Willst du nichts trinken?*

13.4.3 Pronomen, die sowohl adjektivisch als auch substantivisch gebraucht werden

■ *alguno/ninguno*

alguno/-s, alguna/-s und **ninguno/-s, ninguna/-s** bedeuten auf Deutsch je nach Kontext »irgendein/e/r, einige, manche, ein paar« bzw. »keiner« oder »niemand«.

Alguno wird in affirmativen Sätzen gebraucht. Es kann ein Substantiv vertreten oder es begleiten. Als Begleiter richtet es sich in Geschlecht und Zahl nach dem Substantiv. Achtung: In der männlichen Form wird **alguno** zu **algún**!

***Algunos** dicen que Aznar volverá a ganar las elecciones.*	*Manche sagen, dass Aznar die Wahlen wieder gewinnen wird.*
*Esta noche vendrán **algunas** amigas mías a ver la tele.*	*Heute Abend kommen ein paar Freundinnen von mir zum Fernsehen.*
*¿Tienes **algún** libro interesante sobre astrología?*	*Hast du irgendein interessantes Buch über Astrologie?*

Ninguno wird in negativen Sätzen gebraucht und funktioniert ähnlich wie **alguno**: Es kann ein Substantiv ersetzen oder begleiten. Achten Sie auch hier auf die männliche Form **ningún**!

*Cristina no ha venido **ningún** día a verme cuando estaba enferma.*	*Cristina hat mich keinen Tag besucht, als ich krank war.*

Das Indefinitpronomen

 Von **ninguno** gibt es im substantivischen Gebrauch keinen Plural, da man mit diesem Pronomen die Existenz einer Sache negiert. Sobald man das Einzelne negiert, gibt es davon auch keine Vielzahl.

¿Te quedan peras?	*Hast du noch Birnen übrig?*
– No, no me queda **ninguna**.	*– Nein, ich habe keine mehr.*

■ otro

Auch **otro, otra, otros, otras** können ein Substantiv ersetzen oder begleiten. Je nach Kontext bedeuten sie »ein/e andere/r/s« oder »noch ein/e/s«.

(E≠D) Im Unterschied zum Deutschen »ein/e andere/r« bzw. »noch ein/e« darf **otro** nie mit dem unbestimmten Artikel **un/a** gebraucht werden!

Este vaso está roto, ¿me trae **otro**, por favor?	*Dieses Glas ist kaputt, bringen Sie mir bitte ein anderes?*
Otra botella de vino, por favor.	*Noch eine Flasche Wein, bitte.*

■ todo

todo, toda, todos, todas vertreten ein Substantiv oder begleiten es. Auch diese Pronomen haben je nach Kontext verschiedene Bedeutungen: »jede/r/s, alle«.

El día que me marché vinieron **todos** a despedirme.	*Als ich wegging, kamen alle, um mich zu verabschieden.*
En **toda** casa debería haber una salida de emergencia.	*In jedem Haus sollte es einen Notausgang geben.*

ciento treinta y tres

Das Indefinitpronomen: Übungen

13.4.4 Weitere Indefinitpronomen

Die Liste der Indefinitpronomen ist lang! Hier eine Auswahl:

demasiado/-a/-os/-as	*zu viel, zu viele*
mucho/-a/-os/-as	*viel, viele*
poco/-a/-os/-as	*wenig, wenige*
varios/-as	*verschiedene*
tanto/-a/-os/-as	*so viel, so viele*

Und jetzt sind wieder die Übungen dran!

ÜBUNG 26 Vervollständigen Sie die Sätze mit dem passenden Indefinitpronomen. Sie haben folgende zur Auswahl:

algo/nada/alguien/nadie/algunos/algún

1. *Cuando llegué ayer por la noche a casa me dijeron que _____ había llamado. ¿Quién sería?*

2. *Perdonen, ¿están esperando a _____?*

3. *Hoy no tengo ganas de ver a _____, no pienso salir a la calle.*

4. *Ayer hubo un accidente terrible pero _____ vio_____*

5. *Me han regalado muchos caramelos, ¿quieres _____?*

6. *Me encantaría sacarme el carnet de moto, _____ día lo haré.*

7. *¡Qué curioso! Conozco a _____ que se parece a ti muchísimo.*

8. *Mientras esperamos a que lleguen los demás, ¿te apetece tomar _____?*

Das Indefinitpronomen: Übungen

> **ÜBUNG 27** — Richtig oder falsch? Wie müssen die Sätze richtig lauten?
>
> 1. ¿Me puede traer una otra botella de agua, por favor?
> 2. No tengo ninguno interés en la candidatura a presidente de la junta.
> 3. Ya he visto esta película ningunas veces.
> 4. No quiero nada, gracias.
> 5. Ha llamado algún por teléfono, pero no sé quién es.

13.5 Das Relativpronomen
oder *Wie man Sätze verbindet*

Ohne Relativpronomen wären Sprachen sehr unökonomisch. Hier ein Beispiel:

1. Ich wohne in einer Straße.
2. Die Straße ist sehr ruhig.

Nun das Ganze noch einmal, aber diesmal mit Relativpronomen:

*Die Straße, **in der** ich wohne, ist sehr ruhig.*

Dasselbe gilt für Spanisch und deshalb sollten Sie sich diese Pronomen gut merken!

13.5.1 Die Formen des Relativpronomens

Singular	Plural
que	*que*
quien	*quienes*
el que/la que	*los que/las que*
el cual/la cual	*los cuales/las cuales*
cuyo/cuya	*cuyos/cuyas*
donde	*donde*
cuando	*cuando*

13.5.2 Der Gebrauch des Relativpronomens

¿Veo visiones?

Habe ich Halluzinationen?

Kunde: Äh…, aber was sehen meine Augen! Dieser Mann, der gerade vorbeiläuft, ist Don Quijote in Person!
Quijote: Schönen guten Tag, mein Herr.

■ *que*

que ist das Lieblings-Relativpronomen der Spanier. Es bezieht sich sowohl auf Personen als auch auf Sachen, kann sowohl als Subjekt als auch als Objekt agieren und ist daher höchst einsatzfähig. Außerdem lässt es sich problemlos verwenden, da es unverändert bleibt. Auf Deutsch wird es mit »der/die/das, welche/-r/-s« übersetzt.

Das Relativpronomen

> La chica **que** acaba de pasar es amiga de mi hermana.
>
> *Das Mädchen, das gerade vorbeigekommen ist, ist eine Freundin meiner Schwester.*
>
> ¿Has pedido el libro **que** te dije?
>
> *Hast du das Buch bestellt, das ich dir genannt hatte?*

Nach einer Präposition *(a, de, en, para)* steht je nach Bezugswort **el que, la que, los que** *oder* **las que**:

> La editorial **para la que** hicimos la traducción es muy famosa.
>
> *Der Verlag, für den wir die Übersetzung gemacht haben, ist sehr berühmt.*

Bei Ortsangaben kann anstelle von **en el/la que** auch **donde** verwendet werden:

> La calle **donde** viven mis padres es muy tranquila.
>
> *Die Straße, wo/in der meine Eltern wohnen, ist sehr ruhig.*

■ *quien/quienes*

Diese Relativpronomen beziehen sich ausschließlich auf Personen. Sie werden nie von einem Artikel begleitet, dafür aber oft von vorangestellten Präpositionen. **Quien/quienes** können Subjekt oder Objekt sein:

> Cristina, **quien** tanto te ayudó en los momentos difíciles, ha preguntado por ti.
>
> *Cristina, die dir in schweren Zeiten so sehr geholfen hat, hat nach dir gefragt.*
>
> Los chicos **con quienes** vivo en Zaragoza son muy simpáticos.
>
> *Die Jungs, mit denen ich in Zaragoza wohne, sind sehr nett.*

Der Relativsatz mit **quien** als Subjekt wurde durch Kommas abgetrennt, weil er zusätzliche, für die Aussage des gesamten Satzgefüges nicht erforderliche Informationen enthält.

Das Relativpronomen

■ **cual/cuales**

Diese Pronomen werden in der gesprochenen Sprache zusehends durch **que** oder **quien** verdrängt. Sie beziehen sich sowohl auf Personen als auch auf Sachen und werden immer mit dem bestimmten Artikel und eventuell einer Präposition verwendet.

El coche **en el cual** tuvimos el accidente está totalmente destrozado.

Das Auto, mit dem wir den Unfall hatten, ist völlig kaputt.

■ **cuyo/cuya/cuyos/cuyas**

Auch dieses Pronomen beschränkt sich leider immer mehr auf die Schriftsprache. Es bezieht sich auf Personen und Sachen und zeigt Besitz an. Auf Deutsch kann es mit »dessen, deren« übersetzt werden.

 Beachten Sie den entscheidenden Unterschied zum Deutschen: Auf Spanisch richtet sich dieses Pronomen in Geschlecht und Zahl nach dem Besitztum!

Éste es el chico **cuya** madre vimos ayer en el supermercado.

Das ist der Junge, dessen Mutter wir gestern im Supermarkt gesehen haben.

➔ In der Umgangssprache ist folgende Konstruktion üblicher:
Artikel + *Substantiv* + **del cual/de la cual/de las cuales/de las cuales**

Un amigo mío, **el padre del cual** es dentista, ...

Ein Freund von mir, dessen Vater Zahnarzt ist, ...

Das Relativpronomen: Übungen

ÜBUNG 28 Diese Sätze brauchen dringend ein Relativpronomen. Wählen Sie aus den folgenden aus und ordnen Sie sie zu: **que, quien, cuales, cuyo, cuya, cuyos, cuyas, donde**

1. Mira, te presento a Mercedes. Es la chica con la _____ hice el curso de francés.
2. El señor con _____ tienes que hablar es el que lleva la camisa roja.
3. Esos caramelos son míos. Coge los _____ quieras, tengo más en casa.
4. La chica, _____ padre se mató en el accidente de tráfico, se llama Nuria y es compañera mía. La pobre chica lo está pasando fatal.
5. Fue Cartagena la ciudad _____ nos conocimos. ¡Qué romántico!
6. Seat es la empresa para la _____ trabajé muchos años.

ÜBUNG 29 Verbinden Sie die beiden Spalten!

1. Ése es el coche	a. donde perdí las llaves.
2. Ángeles es la chica	b. con quien salí el verano pasado.
3. Éste es el parque	c. con la cual hice el curso.
4. Carlos es el chico	d. que se ha comprado mi hermano.

13.6 Das Interrogativpronomen
oder *Wer denn, wo denn, was denn?*

En una fiesta de disfraces

Auf einer Faschingsparty

Sancho: Herr Quijote, stellt Euch mal vor. Man hat Euch ausgewählt, um Euch den Preis für das beste Kostüm zu verleihen.
Quijote: Was? Wie? Wer? Wann? Wieso? Auf gar keinen Fall!

Wollen Sie die Fragewörter nicht auch so gut beherrschen wie Don Quijote?

Das Interrogativpronomen

13.6.1 Die Formen des Interrogativpronomens

Die wichtigsten Fragewörter sind:

Fragewort Spanisch	Fragewort Deutsch	Frage nach ...
¿qué?	*was, welche/r/s, was für?*	*Objekt*
¿quién/-es?	*wer?*	*Person*
¿cuál/-es?	*welche/r/s, was für ein?*	*Person, Objekt*
¿cuánto/-a(s)?	*wie viel/e?*	*Menge*
¿cuándo?	*wann?*	*Zeit*
¿dónde?	*wo?*	*Ort*
¿adónde?	*wohin?*	*Richtung*
¿de dónde?	*woher?*	*Richtung*
¿cómo?	*wie?*	*Art und Weise, Zustand*
¿por qué?	*warum?*	*Grund*

Fragepronomen tragen im Spanischen immer einen Akzent, auch in der indirekten Frage! Zudem ändern viele ihre Schreibweise, wenn sie in der Antwort wieder aufgenommen werden:

¿**Adónde** vamos esta tarde?
– Me da igual. **Adonde** tú quieras.
¿**Por qué** llegas tan tarde?
– Vaya pregunta. Pues **porque** se me ha escapado el autobús.

Wohin gehen wir heute Abend?
– Es ist mir egal. Wohin du willst.
Wieso kommst du so spät?
– Was für eine Frage. Weil ich den Bus verpasst habe.

Das Interrogativpronomen

13.6.2 Der Gebrauch des Interrogativpronomens

■ Unterschiede zwischen *qué/cuál* und *quién/cuál*
Wenn wir nach der Identität einer Person fragen, benutzen wir
quién/quiénes:

| ¿*Quién* es esa chica? | *Wer ist dieses Mädchen?* |

Wenn wir uns nach der Identität einer Sache erkundigen, verwenden wir
qué. Dieses Fragewort ist unveränderlich und erlaubt uns, sehr allgemein
nachzufragen:

| ¿*Qué* estás haciendo? | *Was machst du gerade?* |
| ¿*Qué* es eso? | *Was ist das?* |

Im Unterschied zu *quién/quiénes*, die sich nur auf Personen beziehen,
kann man mit *qué* nach allem Möglichen fragen:

| ¿*Qué* planes tienes para las próximas vacaciones? | *Welche Pläne hast du für den nächsten Urlaub?* |
| ¿*Qué* libros usáis en el colegio? | *Welche Bücher benutzt ihr in der Schule?* |

Wenn Sie eine ganz konkrete Identifizierung einer Person oder Sache aus
einer bestimmten Gruppe wünschen, stellen Sie die Frage nicht mit
quién oder *qué* sondern mit *cuál/cuáles*. Da die Gruppe schon bekannt
ist, wird auf *cuál/cuáles* nie ein Substantiv folgen:

¿Me dejas un bolígrafo?	*Kannst du mir einen Kugelschreiber leihen?*
– Sí, claro, ¿*cuál* quieres, el azul o el negro?	*– Ja, klar. Welchen möchtest du, den blauen oder den schwarzen?*
Ha llamado tu hermano.	*Dein Bruder hat angerufen.*
– ¿*Cuál* de los dos?	*– Welcher von beiden?*

ciento cuarenta y tres

Das Interrogativpronomen

- **Unterscheidung zwischen *por qué* und *cómo es que***

Auf Spanisch kann man auf zweierlei Art und Weise nach dem Grund (warum, wieso, wie kommt es, dass ...) fragen:

¿por qué ...?
¿cómo es que ...?

Pero, ¿**por qué** no me llamaste? Estuve en casa toda la tarde.	*Aber, wieso hast du mich nicht angerufen? Ich war den ganzen Nachmittag zu Hause.*
¿**Cómo es que** no llega Juan? ¿Le habrá pasado algo?	*Wieso kommt Juan nicht? Ist ihm vielleicht etwas zugestoßen?*

Zwischen den beiden Fragekonstruktionen gibt es einen kleinen, aber feinen Unterschied: Die Frage mit **por qué** ist expliziter und direkter als die mit **cómo es que**. Diese wirkt wiederum freundlicher und zeigt eine eher vorsichtige Haltung gegenüber dem Ansprechpartner. Zudem drückt **cómo es que** Überraschung besser aus.

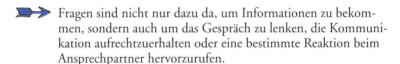 Fragen sind nicht nur dazu da, um Informationen zu bekommen, sondern auch um das Gespräch zu lenken, die Kommunikation aufrechtzuerhalten oder eine bestimmte Reaktion beim Ansprechpartner hervorzurufen.

- Mit manchen Fragen möchte man ein Problem oder einen Zweifel mit jemandem teilen:

  ¿Quién será? Wer mag das sein? (jemand klopft an der Tür)

- Oder man will eine Bestätigung haben:

  Tú no eres de aquí, *¿verdad?*   *Du bist nicht von hier, nicht wahr?*

Das Interrogativpronomen: Übungen

■ Bestimmt kennen Sie auch die Fragen, mit denen man jemanden auffordert, etwas zu tun (*siehe* Kapitel 8.4.):

¿Nos vamos?	*Gehen wir?*
¿Abres la ventana?	*Machst du das Fenster auf?*

Und jetzt wollen wir wie immer Ihre Kenntnisse testen!

ÜBUNG 30 Ordnen Sie die Fragewörter in die entsprechenden Sätze ein:

qué, quién, cuándo, cuánto, dónde, de dónde, adónde

1. _____ han ido tus padres de vacaciones?

2. ¿Y _____ te ha contado esa historia? Puedes estar segura de que es todo mentira.

3. ¿_____ sacaremos el dinero para pagar estas facturas?

4. ¿_____ hora debe ser? Está anocheciendo.

5. Perdone, ¿sabe usted _____ está la calle Muntaner?

6. Y, ¿para _____ cree que estarán listos los pantalones?

7. ¿_____ me va a costar todo esto? ¡Vaya ruina!

ÜBUNG 31 Welches der beiden Fragewörter **qué/cuál** ist richtig?

1. ¿_____ prefieres, Coca Cola o Fanta?

2. ¿_____ te apetece comer? ¿Prefieres algo frío o caliente?

3. Hay aceitunas verdes y negras, ¿_____ te gustan más?

4. ¿_____ es tu bebida favorita?

5. ¿_____ tomas? ¿Té o café?

6. He comprado vino blanco y tinto. ¿Con _____ empezamos?

14. Zahlen und Zahlwörter
oder
Zählen und zahlen

one, two, three … uno, due, tre … un, deux, trois … die Grundzahlen sind oft das Erste, was man in einer Fremdsprache lernt. Bestimmt können Sie in drei verschiedenen Sprachen bis zehn zählen … aber was passiert, wenn Sie in Mallorca ihre Zimmernummer 293 an der Rezeption des Hotels sagen müssen? Nach diesem Kapitel sind selbst astronomische Zahlen für Sie kein Problem mehr!

Suerte en el juego …

Glück im Spiel …

Sprecher: Und die zwei letzten Zahlen sind die 5 und die 28.

Die Grundzahlen

Sancho: Die 5 und die 28 ... ja, ich habe sie! Bingo! Biiingo!! Hurra, ich bin reich, ich bin reich, endlich werde ich mir dieses rote Cabrio kaufen können, das mir so gut gefällt ...
Quijote: Ist ja gut Mann, beruhige dich! Du bist wirklich ein Materialist!

14.1 Die Grundzahlen oder *Eins, zwei, drei...*

0 cero	15 quince	30 treinta
1 uno	16 dieciséis	31 treinta y uno
2 dos	17 diecisiete	32 treinta y dos
3 tres	18 dieciocho	33 treinta y tres
4 cuatro	19 diecinueve	39 treinta y nueve
5 cinco	20 veinte	40 cuarenta
6 seis	21 veintiuno	41 cuarenta y uno
7 siete	22 veintidós	50 cincuenta
8 ocho	23 veintitrés	51 cincuenta y uno
9 nueve	24 veinticuatro	60 sesenta
10 diez	25 veinticinco	70 setenta
11 once	26 veintiséis	80 ochenta
12 doce	27 veintisiete	90 noventa
13 trece	28 veintiocho	100 cien
14 catorce	29 veintinueve	101 ciento uno

150 ciento cincuenta
200 doscientos/-as
250 doscientos/-as cincuenta
300 trescientos/-as
400 cuatrocientos/-as
500 quinientos/-as
600 seiscientos/-as
700 setecientos/-as
800 ochocientos/-as
900 novecientos/-as
1.000 mil
1.001 mil uno

1.100 mil cien
2.000 dos mil
10.000 diez mil
100.000 cien mil
1.000.000 un millón
10.000.000 diez millones
1.000.000.000 mil millones
1.000.000.000.000 un billón
1.254.328.278.600 un billón doscientos cincuenta y cuatro mil trescientos veintiocho millones doscientos setenta y ocho mil seiscientos

Die Grundzahlen

Wenn Sie auf Spanisch zählen möchten, sollten Sie Folgendes beachten:

- Im Gegensatz zum Deutschen sind die Grundzahlen alle männlich:

el cero	*die Null*
el veinte	*die Zwanzig*

- **Uno** wird vor einem maskulinen Substantiv zu **un**, vor einem femininen zu **una**:

un euro	*ein Euro*
una libra	*ein Pfund* (GBP)

- Die Zahl **cien** (100) wird zu **ciento** in Verbindung mit den Zahlen 1 bis 99:

cien mil habitantes	*hunderttausend Einwohner*
ciento veinte personas	*hundertzwanzig Personen*

- Die Hunderterzahlen (ausser 100) werden in einem Wort geschrieben und haben eine männliche und eine weibliche Form:

doscientos dólares	*zweihundert Dollar*
doscientas personas	*zweihundert Personen*

- Die Zahl 1000 **(mil)** ist unveränderlich. Es gibt allerdings den Ausdruck **miles de** + Substantiv, die eine große Menge sehr allgemein ausdrückt:

mil euros	*tausend Euro*
miles de espectadores	*Tausende von Zuschauern*

- Es gibt auf Spanisch kein Wort für Milliarde; sie wird mit tausend Millionen (1.000.000.000 **mil millones**) umschrieben. Bei großen Zahlen unterteilt man alle drei Ziffern mit einem Punkt (außer beim Datum):

Die Grundzahlen

5.300
1.000.328.987

aber: 6 de enero de 1995

Die Grundzahlen verwendet man:

- für Datumsangaben:

Hoy es 25 de agosto.	*Heute ist der 25. August.*

Für den ersten Tag des Monats kann man aber neben **uno** auch **el primero** sagen:

el primero de marzo	*der erste März*

Die Jahreszahlen werden wie normale Zahlen gelesen:

1492	*mil cuatrocientos noventa y dos*
1999	*mil novecientos noventa y nueve*

Das Jahrhundert wird mit Grundzahlen ausgedrückt, aber mit römischen Ziffern geschrieben:

siglo XVII (diecisiete)	*17. Jahrhundert*
siglo XXI (veintiuno)	*21. Jahrhundert*

- für Zeitangaben:

Die Uhrzeit wird immer mit den Grundzahlen ausgedrückt. Davor steht der bestimmte Artikel:

*¿Tienes hora? – Es **la una**.*	*Wie spät ist es? – Es ist ein Uhr.*
*– Son **las tres**.*	*– Es ist drei Uhr.*

Die Ordnungszahlen

- für Altersangaben:

Wenn man das Alter nennt, benutzt man das Verb **tener** gefolgt von einer Grundzahl:

Tengo veintinueve *años.* *Ich bin neunundzwanzig Jahre alt.*

Um über die Zahl der anwesenden Personen oder Objekte zu sprechen, benutzt man auf Spanisch das Verb **ser** + *eine Grundzahl*. Anders als im Deutschen wird keine Präposition verwendet:

Somos cinco. *Wir sind zu fünft.*

14.2. Die Ordnungszahlen
oder *Erstens, zweitens, drittens...*

1º primero	11º undécimo/onceavo
2º segundo	12º duodécimo/doceavo
3º tercero	13º décimo tercero
4º cuarto	14º décimo cuarto
5º quinto	15º décimo quinto
6º sexto	16º décimo sexto
7º séptimo	17º décimo séptimo
8º octavo	18º décimo octavo
9º noveno	19º décimo noveno
10º décimo	20º vigésimo

- Im Spanischen verwendet man die Ordnungszahlen in der Regel nur bis zur Zahl 10. Höhere Zahlen werden üblicherweise mit den Grundzahlen ausgedrückt:

Este año se celebra el 35 *Dieses Jahr feiert man den 35.*
(**treinta y cinco**) *aniversario de* *(fünfunddreißigsten) Jahrestag*
la revolución. *der Revolution.*

Zahlen und Zahlwörter: Übungen

- Die Ordnungszahlen stimmen in Geschlecht und Zahl mit ihrem Bezugswort überein:

> Esta es **la quinta** vez que me pasa esto.
> Ya he acabado de leer **el segundo** capítulo.
>
> *Es ist das fünfte Mal, dass mir so etwas passiert.*
> *Ich habe gerade das zweite Kapitel zu Ende gelesen.*

- **primero** und **tercero** werden vor einem männlichen Substantiv zu **primer** und **tercer**: *el primer día* »der erste Tag«
- für den 100. und 1000. Jahrestag gibt es die Begriffe **centenario** und **milenario**. Für den 200., 300. usw. Jahrestag verwendet man **segundo centenario**, **tercer centenario** usw.
- die Ordnungszahlen stehen normalerweise vor dem Substantiv. Bei Päpsten und weltlichen Herrschern werden sie jedoch mit römischen Ziffern ohne Punkt an den Namen angehängt:

> Felipe II (**segundo**)
> Carlos V (**quinto**)
>
> *Philipp II.*
> *Karl V.*

Ab der elften Zahl verwendet man die Grundzahlen!

> Alfonso XIII (**trece**)
>
> *Alfons XIII.*

ÜBUNG 32   Sie sind im Kaufhaus und möchten ein paar Sachen kaufen; wie viel kosten sie? Schreiben Sie die Zahlen aus.

un microondas	135 €	_____
una corbata de seda	70 €	_____
una bicicleta	490 €	_____
un televisor	360 €	_____
una lavadora	748 €	_____

Zahlen und Zahlwörter: Übungen

ÜBUNG 33 Bei dieser zweiten Übung machen wir es umgekehrt: Sie schreiben die entsprechende Ziffer!

a. tres mil setecientos cuarenta y nueve
b. dos millones seiscientos veinticuatro mil doscientos quince
c. setenta y nueve mil
d. ciento diez mil trescientos noventa y ocho

15 Die Präposition und die Konjunktion
oder
Nützliche Wort- und Satzverbindungen

Die Sprache ist ein großes Puzzle, dessen Teile zusammengefügt werden müssen. Die Präpositionen und Konjunktionen spielen dabei eine entscheidende Rolle. Ein Satz ohne Präpositionen ist kaum zu verstehen:

Klingt komisch, nicht wahr? Jetzt lesen Sie den Satz vollständig:
***Por** la tarde quiero ir **a** la librería **para** comprar un libro **de** derecho **para** mi hermana.* (Am Nachmittag will ich in die Buchhandlung gehen, um ein Buch über Jura für meine Schwester zu kaufen.)

15.1 Die Präposition
oder Auf, über, für & Co.

Präpositionen drücken zeitliche, modale oder örtliche Beziehungen zwischen Personen und Sachen aus. Die wichtigsten sind:

a *(an, auf, um, nach, zu)*	**hacia** *(gegen)*
ante *(vor, angesichts)*	**hasta** *(bis)*
bajo *(unter)*	**para** *(für, nach, um … zu)*
con *(mit)*	**por** *(wegen, durch, aus, von, für/gegen)*
contra *(gegen)*	
de *(von, aus)*	**según** *(laut, je nach)*
desde *(seit, von … aus, von … an)*	**sin** *(ohne)*
en *(in, an, auf)*	**sobre** *(auf, über)*
entre *(zwischen, unter)*	**tras** *(nach, hinter)*

Die Präposition

Die am häufigsten verwendeten Präpositionen wollen wir Ihnen im Folgenden kurz beschreiben:

a (an, auf, im, in, um, zu, nach)
Diese Präposition wird mit dem männlichen Artikel immer zusammengeschrieben!
a + el = al
Sie wird verwendet für

- Zeitangaben:

¿A qué hora has quedado con Luis? – **A** las cinco.	*Wann hast du dich mit Luis verabredet? – Um fünf.*
La factura llega una vez **al** año.	*Die Rechnung kommt einmal im Jahr.*

- Richtungs-, Orts- und Zielangaben:

¿Vas **a** Granada?	*Gehst du nach Granada?*
Barcelona está **al** norte de Valencia.	*Barcelona liegt nördlich von Valencia.*
¿Vienes **a** tomar algo con nosotros?	*Kommst du mit uns was trinken?*

- Erklärungen, wie etwas ist:

Me encantan las gambas **al** ajillo.	*Ich liebe Scampi mit Knoblauch.*
Llueve **a** cántaros.	*Es regnet in Strömen.*

- Altersangaben:

Empecé a tocar el violín **a** los diez años.	*Mit zehn Jahren begann ich Geige zu spielen.*

- Aufforderungen:

¡**A** comer! La cena está lista.	*Essen kommen! Das Abendbrot ist fertig!*

Die Präposition

- die Einführung des indirekten Objekts (Dativ) bei transitiven Verben:

*Le he dado la carta **a** tu madre.*   *Ich habe deiner Mutter den Brief gegeben.*

- die Einführung des direkten Objekts (Akkusativ) bei Personen:

*Esta mañana me he encontrado **a** Ana.*   *Heute Morgen habe ich Ana getroffen.*

¡Que approveche!

Guten Appetit!

Die Präposition

Kellner: Und was möchte der Herr?
Sancho: Nun, bringen Sie mir ein Steak mit Pommes frites und mit ein wenig Mayonnaise und mit viel Ketchup und mit Brot dazu und mit ...
Quijote: Gut Sancho, reicht schon. Dieser Spaß kostet uns ein Vermögen!

con (mit)
wird verwendet,

- um die Begleitung zu nennen:

| Esta tarde he quedado **con** Juan para ir al cine. | *Für heute Nachmittag habe ich mit Juan abgemacht, dass wir ins Kino gehen.* |

Beachten Sie dabei die Konstruktionen **conmigo** (mit mir), **contigo** (mit dir), **consigo** (mit sich)!

- um die Art und Weise oder das Werkzeug bzw. Mittel (womit) zu nennen:

| Hay que cortarlo **con** unas tijeras. | *Man muss es mit einer Schere schneiden.* |

- für Charakterisierungen:

Für (Charakter)eigenschaften können Sie sowohl **con** als auch **de** verwenden, wobei **de** auf Eigenschaften verweist, die von Dauer sind. **Con** bezeichnet eher das Vorübergehende:

| El chico **con** la camisa amarilla. La chica **de** pelo negro. | *Der Junge mit dem gelben Hemd. Das Mädchen mit den schwarzen Haaren.* |

de (von, aus)
De wird mit dem männlichen Artikel zusammengeschrieben:
de + el = del

Die Präposition

Diese Präposition wird verwendet

- für Herkunftsangaben:

¿**De** dónde eres?	Woher kommst du?
– **De** París.	– Aus Paris.

 Man verwendet **de** + *Ländername,* wenn das Land aus der Perspektive eines Spanischsprechenden exotisch ist:

Karl es alemán.	Karl ist Deutscher.
aber: Mohamed es **de** Sierra Leona.	Mohammed ist aus Sierra Leone.

- zur Angabe des Stoffes oder Materials einer Sache:

La mesa es **de** madera maciza.	Der Tisch ist aus Massivholz.

- um Besitz anzuzeigen:

El libro no es mío, es **de** Pilar.	Das Buch gehört nicht mir, es ist von Pilar.

- um bei literarischen, künstlerischen oder wissenschaftlichen Werken den Autor zu nennen:

»La Casa de Bernarda Alba« es **de** Lorca.	La Casa de Bernarda Alba ist von Lorca.

- um bei Bewegungsverben den Ausgangspunkt zu bezeichnen:

He salido **de** Cádiz a las diez de la mañana.	Ich bin um 10 Uhr morgens von Cádiz abgefahren.

In dieser Bedeutung steht **de** oft in Verbindung mit der Präposition **a**:

Fui **de** Santiago **a** Vigo.	Ich fuhr von Santiago nach Vigo.

Die Präposition

- um über einen Zeitraum zu sprechen:

  *Trabajo **de** ocho **a** cinco.*   *Ich arbeite von acht bis fünf.*

- bei der Angabe der Tageszeit:

  ***De** día trabajo y **de** noche duermo.*   *Tagsüber arbeite ich und nachts schlafe ich.*

- um die Bestimmung von etwas anzugeben:

una máquina **de** escribir	eine Schreibmaschine
una tabla **de** planchar	ein Bügelbrett
un plato **de** sopa	ein Suppenteller
espuma **de** afeitar	Rasierschaum

(E/D) Im Unterschied zum Deutschen wird in den folgenden Fällen **keine** Präposition verwendet:

- zwischen einem konjugierten Verb und einem Infinitiv, es sei denn, dass das Verb an sich eine Präposition verlangt:

  Espero poder terminar el informe para mañana.   *Ich hoffe, den Bericht für morgen fertigstellen **zu** können.*
  *Acuérdate **de** llamar esta tarde al banco.*   *Denk daran, heute Nachmittag die Bank anzurufen.*

- wenn zwei Verben dasselbe Subjekt haben. In dieser Konstruktion steht das zweite Verb in der Regel im Infinitiv:

  He decidido hacer lo que tú dices.   *Ich habe beschlossen, das **zu** tun, was du sagst.*

Die Präposition

Un peregrino de viaje

Ein Pilger auf Reisen

Plakat: Billige Reisen nach Santiago de Compostela
mit dem Zeppelin   140 €
mit dem Beiwagen   60 €
mit dem Heißluftballon   115 €
mit dem Tretroller   3 €
zu Fuss   Gratis!
Sancho: Und wieso können wir nicht mit dem Maultier reisen?

en (in, auf, an …)
Wir verwenden **en** in folgenden Fällen:

- bei Fortbewegungsmitteln:

en tren, **en** coche, **en** barco, **en** bicicleta, aber … ¡**a** pie!	(mit dem Zug, mit dem Auto, mit dem Schiff, mit dem Fahrrad, aber … zu Fuß!)

Die Präposition

- bei Ortsangaben:

Die Lokalisierung eines Objekts mit **en** ist ziemlich vage; **en** kann sich sowohl auf eine ebene Fläche (ähnliche Bedeutung wie **sobre**) als auch auf einen Innenraum beziehen:

¿Has visto mis gafas?	*Hast du meine Brille gesehen?*
– Sí, están **en** el cajón/**en** la mesa.	*– Ja, sie ist in der Schublade/auf dem Tisch.*

- bei der Nennung von Zeit und Dauer:

Mi cumpleaños es **en** febrero.	*Mein Geburtstag ist im Februar.*
Nos vemos **en** media hora.	*Wir sehen uns in einer halben Stunde.*

- zur Angabe der Zahlenverhältnisse bei Mengen, Schätzungen und Proportionen:

El número de parados ha aumentado **en** un 5%.	*Die Zahl der Arbeitslosen ist um 5% gestiegen.*

para (für, nach, um ... zu ...)
Diese Präposition dient

- zur Angabe der Richtung:

Salió ayer **para** Madrid.	*Er fuhr gestern nach Madrid.*

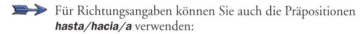 Für Richtungsangaben können Sie auch die Präpositionen **hasta/hacia/a** verwenden:

→ Mit **a** geben Sie das Ziel an sich an, ohne auf Aspekte der Bewegung Rücksicht zu nehmen.
→ Mit **hasta** betonen Sie vor allem das Endziel der Reise.
→ Mit **hacia** betonen Sie hingegen ausschließlich die Richtung, ohne das Ziel zu berücksichtigen. Es könnte etwas dazwischen kommen!
→ Auch mit **para** ist der Weg wichtig; man verliert das Ziel jedoch nicht aus den Augen!

Die Präposition

- für Zeitangaben:

Die Zeitangabe mit **para** versteht sich als Frist, in der etwas geschehen muss:

Tengo que acabar esta traducción **para** mañana.	Ich muss diese Übersetzung bis morgen fertig haben.

- um Zweck oder Absicht auszudrücken:

Estudio español **para** viajar a Chile.	Ich lerne Spanisch um nach Chile zu reisen.

- um den Empfänger einer Sache zu nennen:

Mira, estas flores son **para** ti.	Schau mal, diese Blumen sind für dich.

- um die eigene Meinung zu äußern:

Para mí, esto es una injusticia.	Für mich ist das eine Ungerechtigkeit.

por (durch, wegen, für, aus, von)
Wir verwenden diese Präposition

- für ungefähre Ortsangaben:

Sonia vive **por** el puerto.	Sonia wohnt irgendwo am Hafen.

- um uns auf die Durchquerung eines Ortes zu beziehen:

He venido **por** el parque.	Ich bin durch den Park gekommen.

Die Präposition

- für ungefähre Zeitangaben:

Nos conocimos **por** el año 85.	*Wir lernten uns um das Jahr 1985 kennen.*
Siempre voy a correr **por** las mañanas.	*Ich gehe immer morgens laufen.*

- zur Nennung eines Zeitraums:

Me voy **por** unos días al campo.	*Ich ziehe für ein paar Tage aufs Land.*

- zur Angabe von Grund oder Ursache:

No pudimos irnos **por** la nieve.	*Wir konnten wegen des Schnees nicht weggehen.*

- zur Angabe des Mittels:

Me informaron **por** teléfono.	*Sie informierten mich per Telefon.*

- um über das Objekt eines Gefühls bzw. einer Einstellung zu sprechen:

Siento un gran respeto **por** tu trabajo.	*Ich empfinde großen Respekt für deine Arbeit.*

- zur Angabe eines Zwecks:

Hay que luchar **por** la paz y la libertad.	*Man muss für Frieden und Freiheit kämpfen.*

- für Preisangaben:

Lo he comprado **por** cien euros.	*Ich habe es für hundert Euro gekauft.*

Die Präposition

- um den Urheber der Handlung im Passiv zu nennen:

| El puente fue construido **por** el arquitecto Calatrava. | *Die Brücke wurde vom Architekten Calatrava gebaut.* |

Zu guter Letzt wollen wir noch kurz auf die Wiedergabe der Präpositionen *vor* und *seit* im Spanischen eingehen!

vor + Zeitpunkt *Ich gehe immer vor acht Uhr schwimmen.*	***antes de*** Siempre voy a nadar antes de las ocho.
vor + Zeitraum *Wir lernten uns vor zwei Jahren kennen.*	***hace*** Nos conocimos hace dos años.
seit + Zeitpunkt *Ich habe seit Dienstag nicht mehr mit ihm gesprochen.*	***desde*** Desde el martes no he vuelto a hablar con él.
seit + Zeitraum *Wir wohnen in Salamanca seit zehn Jahren.*	***desde hace*** Vivimos en Salamanca desde hace diez años.

Die Präposition: Übungen

ÜBUNG 34 In den folgenden Sätzen fehlen die Präpositionen **a, de, con, en**. Welche gehört wohin?

1. Esta tarde voy a ir por primera vez _____ casa _____ mis padres _____ Javier. ¡Estoy más nerviosa…!
2. ¿Dónde están las tijeras? – Me parece que las he visto _____ el cajón del escritorio.
3. Marta es una chica muy social, es amable _____ todo el mundo.
4. Voy un momento _____ casa a buscar unos libros, ¿vienes?
5. Sevilla está _____ norte _____ Cádiz.
6. Aquí nunca nieva _____ invierno, tenemos un clima muy templado.
7. ¿_____ quién es este cuadro? – Es _____ Tápies, un pintor catalán contemporáneo.

ÜBUNG 35 *Por* oder *para*, was meinen Sie?

1. ¡Fíjate qué bien, he comprado la impresora _____ 150 euros!
2. Es un materialista, sólo trabaja _____ dinero.
3. La ciudad de Mérida fue construida _____ los romanos.
4. Mira, estos bombones son _____ el abuelo, como es su cumpleaños…
5. He comprado estos disquetes _____ guardar los archivos de Word.
6. Antonio ha salido esta mañana _____ Segovia, espero que tenga un buen viaje.

15.2 Die Konjunktion
oder *Und, weil, denn & Co.*

Y tú, ¿qué sabes hacer?

Und was kannst du?

Quijote: Diese Jungen von heutzutage können weder gut reiten noch fechten noch Schlösser überfallen noch Damen in Gefahr retten… dafür machen sie so komische Dinge…
Sancho: Mensch, in meinem Dorf spielen wir mit Murmeln, was auch sehr spannend ist…

Die Konjunktion

Konjunktionen verbinden oder trennen Sätze und Satzteile. Die wichtigsten Konjunktionen, die Sie auf jeden Fall kennen sollten, sind:

y[1]	*und*	El lunes vinieron Carlos **y** Juan a verme. *Am Montag kamen Carlos und Juan mich besuchen.*
o[2]	*oder*	¿Qué prefieres, vino **o** agua? *Was hast du lieber, Wasser oder Wein?*
ni ... ni	*weder ... noch*	No se lo he dicho **ni** a mis padres **ni** a mis hermanos. *Ich habe es weder meinen Eltern noch meinen Geschwistern gesagt.*
pero	*aber*	Si quieres vamos, **pero** no me gusta el sitio. *Wenn du willst, gehen wir, aber ich mag den Ort nicht.*
cuando	*wenn, als, immer wenn*	Se puso muy contenta **cuando** se enteró de la noticia. *Sie hat sich sehr gefreut, als sie die Nachricht erfuhr.*
aunque	*obwohl, auch wenn*	Vamos a ir a Mallorca de vacaciones, **aunque** no nos gusta mucho. *Wir fliegen in Urlaub nach Mallorca, obwohl es uns dort nicht so gut gefällt.*
que	*dass*	Te prometo **que** te llamaré luego. *Ich verspreche dir, dass ich dich später anrufen werde.*
porque	*weil*	Me gusta esta ciudad **porque** hay mucha vida. *Ich mag diese Stadt, weil sie voller Leben ist.*
si	*wenn*	**Si** tienes ganas podemos ir esta noche al cine. *Wenn du Lust hast, können wir heute Abend ins Kino gehen.*

[1] Vor *i* und *hi* wird die Konjunktion **y** zu **e**.
Z. B. Mis asignaturas preferidas son Geografía **e** Historia.
Meine Lieblingsfächer sind Geographie und Geschichte.
[2] Vor *o* und *ho* wird die Konjunktion **o** zu **u**.
¿Cuándo llegaste ayer **u** hoy?
Wann bist du angekommen gestern oder heute?

16 Das Passiv und die unpersönlichen Aussagen
oder
Das Objekt eines Vorgangs hervorheben

16.1 Das Passiv *oder* Wie man eine Sichtweise ändern kann

Was das Passiv betrifft, unterscheiden sich Spanisch und Deutsch beträchtlich, denn das Passiv wird in der gesprochenen spanischen Sprache nur selten gebraucht. Spanisch gilt gemeinhin als eine Sprache, die die Welt lieber aktiv als passiv erlebt und beschreibt! Das heißt aber nicht, dass es kein Passiv gibt: Es wird oft in der Zeitungs-, Behörden- und Juristensprache sowie zur Wiedergabe historischer Ereignisse verwendet.

¿Cuándo es arte el arte?

Das Passiv

Wann wird Kunst zu Kunst?

»*Dieses Haus wurde 1910 von Antonio Gaudí gebaut.*«
Quijote: Sieh mal, Sancho. Das ist ein großartiges Kunstwerk. Schaue und staune!
Sancho: Wie Ihr meint. Ich finde das Haus ein bisschen komisch. Die Wände sind krumm …

Das Passiv wird mit dem Hilfsverb **ser** und dem Partizip Perfekt des Vollverbs gebildet. Dieses richtet sich in Geschlecht und Zahl nach dem Subjekt:

El Museo del Prado **es visitado** *por muchos turistas.*	*Der Prado wird von vielen Touristen besucht.*
La Casa Milá **fue construida** *por Antonio Gaudí.*	*Die Casa Milá wurde von Antonio Gaudí gebaut.*

Zwei Sachen fallen an diesen Beispielen auf:
– **ser** kann in verschiedenen Zeiten stehen.
– Der Urheber der Handlung wird mit der Präposition **por** eingeleitet.
Wie verwandelt man nun einen Aktivsatz in einen Passivsatz? Das ist ganz einfach:

- Aktiv: *El terremoto destruyó la ciudad en 1856.*
  Das Erdbeben zerstörte die Stadt 1856.
- Passiv: *La ciudad fue destruida por un terremoto en 1856.*
  Die Stadt wurde 1856 von einem Erdbeben zerstört.

Wie im Deutschen gibt es auch im Spanischen ein so genanntes **Zustandspassiv**. Es wird mit dem Verb **estar** gebildet und drückt das Ergebnis einer Handlung aus:

En Dinamarca las casas **están pintadas** *de color rojo.*	*In Dänemark sind die Häuser mit roter Farbe gestrichen.*

Unpersönliche Aussagen

Wie bereits erwähnt, werden Sie das Passiv im Spanischen selten benutzen. Wie aber werden Sätze, die auf Deutsch im Passiv stehen, auf Spanisch wiedergegeben? Dafür sind die unpersönlichen Formen eine ganz große Hilfe!

16.2 Unpersönliche Aussagen
oder *Man gewöhnt sich an alles*

Una playa hermosa ...

Ein herrlicher Strand ...

Quijote: Das ist der Gipfel! Was für ein Lärm! Man kommt hierher, um nach einer langen Reise auszuruhen und dann findet man so was, was für eine Schande!
Sancho: Mann, mir gefällt das. Zumindest ist hier ein bisschen Leben, was in meinem Dorf ...

Das Passiv: Übungen

Wenn Sie nicht persönlich werden wollen und der Urheber der Handlung für Sie unwichtig ist, können Sie folgende Konstruktionen benutzen:

- das unpersönliche *se*:

Das unpersönliche *se* (die Leute, irgendjemand, man) steht immer mit der 3. Person Singular des Verbs:

La catedral **se construyó** en el siglo XII.	*Der Dom wurde im 12. Jahrhundert gebaut.*

- die 3. Person Plural:

Renovaron la casa hace un año.	*Das Haus wurde vor einem Jahr restauriert.*

- *uno:*

Uno se acostumbra al ruido.	*Man gewöhnt sich an den Lärm.*

Und jetzt wollen Sie das Gelernte sicher anwenden!

ÜBUNG 36 Die folgenden Ausschnitte stammen aus einem Geschichtsbuch und einer Tageszeitung. Verwandeln Sie die Sätze ins Passiv. Achten Sie dabei auch auf die Zeiten der Verben!

1. En 1492 los Reyes Católicos expulsaron a los árabes.
2. Se ha inaugurado el museo este año.
3. Los españoles conquistaron la ciudad maya.
4. Las murallas de la ciudad se destruyeron en el siglo XVIII.
5. Los arqueólogos han descubierto las ruinas este año.

Das Passiv: Übungen

> **ÜBUNG 37** — Wie heißt es auf Spanisch?
>
> 1. Die Schule wurde 1978 erbaut.
> 2. Der Computer ist heute Morgen repariert worden.
> 3. Der Schauspieler wurde von vielen Journalisten begleitet.

Und damit haben Sie Ihren Spanischkurs erfolgreich beendet!
Wir wünschen Ihnen bei Ihrer nächsten Reise in ein spanischsprachiges Land viel Spaß, lange und interessante Gespräche auf Spanisch und eine gute und angenehme Zeit!

Verbtabelle

Einfache Zeiten des Indikativs

1. Präsens *(Presente)*

	trabajar	**beber**	**vivir**
yo	trabaj**o**	beb**o**	viv**o**
tú	trabaj**as**	beb**es**	viv**es**
él, ella, usted	trabaj**a**	beb**e**	viv**e**
nosotros, -as	trabaj**amos**	beb**emos**	viv**imos**
vosotros, -as	trabaj**áis**	beb**éis**	viv**ís**
ellos, -as, ustedes	trabaj**an**	beb**en**	viv**en**

2. Imperfekt *(Pretérito imperfecto)*

	trabajar	**beber**	**vivir**
yo	trabaj**aba**	beb**ía**	viv**ía**
tú	trabaj**abas**	beb**ías**	viv**ías**
él, ella, usted	trabaj**aba**	beb**ía**	viv**ía**
nosotros, -as	trabaj**ábamos**	beb**íamos**	viv**íamos**
vosotros, -as	trabaj**abais**	beb**íais**	viv**íais**
ellos, -as, ustedes	trabaj**aban**	beb**ían**	viv**ían**

3. Indefinido *(Pretérito perfecto simple)*

	trabajar	**beber**	**vivir**
yo	trabaj**é**	beb**í**	viv**í**
tú	trabaj**aste**	beb**iste**	viv**iste**
él, ella, usted	trabaj**ó**	beb**ió**	viv**ió**
nosotros, -as	trabaj**amos**	beb**imos**	viv**imos**
vosotros, -as	trabaj**asteis**	beb**isteis**	viv**isteis**
ellos, -as, ustedes	trabaj**aron**	beb**ieron**	viv**ieron**

4. Futur I *(Futuro)*

	trabajar	**beber**	**vivir**
yo	trabajar**é**	beber**é**	vivir**é**
tú	trabajar**ás**	beber**ás**	vivir**ás**

Einfache Zeiten des Subjuntivo

él, ella, usted	trabajar**á**	beber**á**	vivir**á**
nosotros, -as	trabajar**emos**	beber**emos**	vivir**emos**
vosotros, -as	trabajar**éis**	beber**éis**	vivir**éis**
ellos, -as, ustedes	trabajar**án**	beber**án**	vivir**án**

5. Konditional I *(Condicional)*

	trabajar	**beber**	**vivir**
yo	trabajar**ía**	beber**ía**	vivir**ía**
tú	trabajar**ías**	beber**ías**	vivir**ías**
él, ella, usted	trabajar**ía**	beber**ía**	vivir**ía**
nosotros, -as	trabajar**íamos**	beber**íamos**	vivir**íamos**
vosotros, -as	trabajar**íais**	beber**íais**	vivir**íais**
ellos, -as, ustedes	trabajar**ían**	beber**ían**	vivir**ían**

Einfache Zeiten des *Subjuntivo*

6. Präsens *(Presente)*

	trabajar	**beber**	**vivir**
yo	trabaj**e**	beb**a**	viv**a**
tú	trabaj**es**	beb**as**	viv**as**
él, ella, usted	trabaj**e**	beb**a**	viv**a**
nosotros, -as	trabaj**emos**	beb**amos**	viv**amos**
vosotros, -as	trabaj**éis**	beb**áis**	viv**áis**
ellos, -as, ustedes	trabaj**en**	beb**an**	viv**an**

7. Imperfekt *(Imperfecto)*

	trabajar	**beber**	**vivir**
yo	trabaj**ara/-ase**	beb**iera/-iese**	viv**iera/-iese**
tú	trabaj**aras/-ases**	beb**ieras/-ieses**	viv**ieras/-ieses**
él, ella, usted	trabaj**ara/-ase**	beb**iera/-iese**	viv**iera/-iese**
nosotros, -as	trabaj**áramos/-ásemos**	beb**iéramos/-iésemos**	viv**iéramos/-iésemos**
vosotros, -as	trabaj**arais/-aseis**	beb**ierais/-ieseis**	viv**ierais/-ieseis**
ellos, -as, ustedes	trabaj**aran/-asen**	beb**ieran/-iesen**	viv**ieran/-iesen**

Verbtabelle: Zusammengesetzte Zeiten des Indikativs

Zusammengesetzte Zeiten des Indikativs

8. Perfekt *(Pretérito perfecto compuesto)*

		trabajar	beber	vivir
yo	he	trabaj**ado**	beb**ido**	viv**ido**
tú	has	trabaj**ado**	beb**ido**	viv**ido**
él, ella, usted	ha	trabaj**ado**	beb**ido**	viv**ido**
nosotros, -as	hemos	trabaj**ado**	beb**ido**	viv**ido**
vosotros, -as	habéis	trabaj**ado**	beb**ido**	viv**ido**
ellos, -as, ustedes	han	trabaj**ado**	beb**ido**	viv**ido**

9. Plusquamperfekt *(Pretérito pluscuamperfecto)*

		trabajar	beber	vivir
yo	había	trabaj**ado**	beb**ido**	viv**ido**
tú	habías	trabaj**ado**	beb**ido**	viv**ido**
él, ella, usted	había	trabaj**ado**	beb**ido**	viv**ido**
nosotros, -as	habíamos	trabaj**ado**	beb**ido**	viv**ido**
vosotros, -as	habíais	trabaj**ado**	beb**ido**	viv**ido**
ellos, -as, ustedes	habían	trabaj**ado**	beb**ido**	viv**ido**

10. Futur II *(Futuro perfecto)*

		trabajar	beber	vivir
yo	habré	trabaj**ado**	beb**ido**	viv**ido**
tú	habrás	trabaj**ado**	beb**ido**	viv**ido**
él, ella, usted	habrá	trabaj**ado**	beb**ido**	viv**ido**
nosotros, -as	habremos	trabaj**ado**	beb**ido**	viv**ido**
vosotros, -as	habréis	trabaj**ado**	beb**ido**	viv**ido**
ellos, -as, ustedes	habrán	trabaj**ado**	beb**ido**	viv**ido**

11. Konditional II *(Condicional perfecto)*

		trabajar	beber	vivir
yo	habría	trabaj**ado**	beb**ido**	viv**ido**
tú	habrías	trabaj**ado**	beb**ido**	viv**ido**
él, ella, usted	habría	trabaj**ado**	beb**ido**	viv**ido**
nosotros, -as	habríamos	trabaj**ado**	beb**ido**	viv**ido**
vosotros, -as	habríais	trabaj**ado**	beb**ido**	viv**ido**
ellos, -as, ustedes	habrían	trabaj**ado**	beb**ido**	viv**ido**

Zusammengesetzte Zeiten des Subjuntivo

12. Perfekt *(Pretérito perfecto)*

		trabajar	beber	vivir
yo	haya	trabaj**ado**	beb**ido**	viv**ido**
tú	hayas	trabaj**ado**	beb**ido**	viv**ido**
él, ella, usted	haya	trabaj**ado**	beb**ido**	viv**ido**
nosotros, -as	hayamos	trabaj**ado**	beb**ido**	viv**ido**
vosotros, -as	hayáis	trabaj**ado**	beb**ido**	viv**ido**
ellos, -as, ustedes	hayan	trabaj**ado**	beb**ido**	viv**ido**

13. Plusquamperfekt *(Pretérito pluscuamperfecto)*

		trabajar	beber	vivir
yo	hubiera/hubiese	trabaj**ado**	beb**ido**	viv**ido**
tú	hubieras/hubieses	trabaj**ado**	beb**ido**	viv**ido**
él, ella, usted	hubiera/hubiese	trabaj**ado**	beb**ido**	viv**ido**
nosotros, -as	hubiéramos/hubiésemos	trabaj**ado**	beb**ido**	viv**ido**
vosotros, -as	hubierais/hubieseis	trabaj**ado**	beb**ido**	viv**ido**
ellos, -as, ustedes	hubieran/hubiesen	trabaj**ado**	beb**ido**	viv**ido**

Imperativ (Imperativo)

14. Bejahter Imperativ

	trabajar	beber	escribir
tú	trabaj**a**	beb**e**	escrib**e**
nosotros, -as	trabaj**emos**	beb**amos**	escrib**amos**
vosotros, -as	trabaj**ad**	beb**ed**	escrib**id**
usted	trabaj**e**	beb**a**	escrib**a**
ustedes	trabaj**en**	beb**an**	escrib**an**

Verbtabelle: Unregelmäßige Verben

15. Verneinter Imperativ

	trabajar	**beber**	**escribir**
tú	no trabaj**es**	no beb**as**	no escrib**as**
nosotros, -as	no trabaj**emos**	no beb**amos**	no escrib**amos**
vosotros, -as	no trabaj**éis**	no beb**áis**	no escrib**áis**
usted	no trabaj**e**	no beb**a**	no escrib**a**
ustedes	no trabaj**en**	no beb**an**	no escrib**an**

16. *Gerundio*

trabajar	**beber**	**vivir**
traba**jando**	beb**iendo**	viv**iendo**

17. Partizip Perfekt *(Participio)*

trabajar	**beber**	**vivir**
traba**jado**	beb**ido**	viv**ido**

Die wichtigsten unregelmäßigen Verben

Indikativ Präsens
Verben mit Stammvokalveränderungen

e → ie

	pensar	**entender**	**querer**
yo	pienso	entiendo	quiero
tú	piensas	entiendes	quieres
él, ella, usted	piensa	entiende	quiere
nosotros, -as	pensamos	entendemos	queremos
vosotros, -as	pensáis	entendéis	queréis
ellos, -as, ustedes	piensan	entienden	quieren

ebenso: empezar, sentir, cerrar, despertarse, sentarse, preferir

Unregelmäßige Verben

o → ue

	probar	poder	volver
yo	pruebo	puedo	vuelvo
tú	pruebas	puedes	vuelves
él, ella, usted	prueba	puede	vuelve
nosotros, -as	probamos	podemos	volvemos
vosotros, -as	probáis	podéis	volvéis
ellos, -as, ustedes	prueban	pueden	vuelven

ebenso: dormir, acordarse, acostarse, almorzar, contar, costar, encontrar

e → i   u → ue

	pedir	servir	seguir	jugar
yo	pido	sirvo	sigo	juego
tú	pides	sirves	sigues	juegas
él, ella, usted	pide	sirve	sigue	juega
nosotros, -as	pedimos	servimos	seguimos	jugamos
vosotros, -as	pedís	servís	seguís	jugáis
ellos, -as, ustedes	piden	sirven	siguen	juegan

ebenso: repetir, vestirse, reírse

Verbtabelle: Unregelmäßige Verben

Verben mit Veränderung in der 1. Person Singular

hacer	poner	ver	saber	estar	conocer
hago	**pongo**	**veo**	**sé**	**estoy**	**conozco**
haces	pones	ves	sabes	estás	conoces
hace	pone	ve	sabe	está	conoce
hacemos	ponemos	vemos	sabemos	estamos	conocemos
hacéis	ponéis	veis	sabéis	estáis	conocéis
hacen	ponen	ven	saben	están	conocen

ebenso: salir → salgo; dar → doy u. a.

Andere unregelmäßige Verben
Indikativ Präsens

	ser	ir	haber	venir
yo	soy	voy	he	vengo
tú	eres	vas	has	vienes
él, ella, usted	es	va	ha	viene
nosotros, -as	somos	vamos	hemos	venimos
vosotros, -as	sois	vais	habéis	venís
ellos, -as, ustedes	son	van	han	vienen

Unregelmäßige Verben

Indikativ Indefinido

		Stamm	Endung
estar	yo	**estuv-**	e
poder	tú	**pud-**	iste
poner	él, ella, usted	**pus-**	o
querer	nosotros, -as	**quis-**	imos
saber	vosotros, -as	**sup-**	isteis
venir	ellos, -as	**vin-**	ieron
tener	ustedes	**tuv-**	ieron

Beachte:

traer	yo	**traj-**	e
decir	tú	**dij-**	iste
	él, ella, usted		o
	nosotros, -as		imos
	vosotros, -as		isteis
	ellos, -as, ustedes		eron

hacer	yo	**hic-**	e
	tú	**hic-**	iste
	él, ella, usted	**<u>hiz</u>-**	o
	nosotros, -as	**hic-**	imos
	vosotros, -as	**hic-**	isteis
	ellos, -as, ustedes	**hic-**	ieron

ciento setenta y nueve **179**

Verbtabelle: Unregelmäßige Verben

Partizip Perfekt

abrir	decir	escribir	hacer	ir	poner	ver	volver
abierto	dicho	escrito	hecho	ido	puesto	visto	vuelto

Indikativ Imperfekt

	ser	**ir**	**ver**
yo	era	iba	veía
tú	eras	ibas	veías
él, ella, usted	era	iba	veía
nosotros, -as	éramos	íbamos	veíamos
vosotros, -as	erais	ibais	veíais
ellos, -as, ustedes	eran	iban	veían

Konditional und Futur

	Stamm	Endung Konditional	Endung Futur
tener	tendr-		
decir	dir-	ía	é
poder	podr-	ías	ás
saber	sabr-	ía	á
salir	saldr-	íamos	emos
venir	vendr-	íais	éis
haber	habr-	ían	án
hacer	har-		

Unregelmäßige Verben

Imperativ (Du-Form)

decir	**hacer**	**poner**	**salir**	**tener**	**venir**	**ver**	**dar**	**ir**
di	haz	pon	sal	ten	ven	ve	da	ve

Gerundio

e → i	**o → u**	**-iendo → -endo**
decir → diciendo	dormir → durmiendo	ir → yendo
venir → viniendo	morir → muriendo	leer → leyendo
pedir → pidiendo		creer → creyendo

Glossar

Grammatische Fachausdrücke

In der folgenden Aufstellung finden Sie die in dieser Grammatik verwendeten Fachausdrücke:

Adjektiv	Eigenschaftswort
Adverb	Umstandswort
Akkusativ	Wenfall (wen? was?)
Aktiv	Tätigkeitsform
Artikel	Geschlechtswort
Konditional	Bedingungsform
Dativ	Wemfall (wem?)
Demonstrativpronomen	hinweisendes Fürwort
feminin (fem.)	weiblich
Futur	Zukunft
Genitiv	Wesfall (wessen?)
Gerundio	unveränderliche Verbform mit Adverbfunktion
Imperativ	Befehlsform
Imperfekt	eine Vergangenheitszeit
Indefinido	eine Vergangenheitszeit
Indefinitpronomen	unbestimmtes Fürwort
Indikativ	Wirklichkeitsform
indirekte Rede	wiedergegebene Rede
Infinitiv	Grundform des Verbs
Interrogativpronomen	Fragepronomen
Komparativ	1. Steigerungsstufe
Konjugation	Beugung
Konjunktion	Bindewort
maskulin (mask.)	männlich
Neutrum	sächliche Form
Objekt	Satzergänzung
Partizip	Mittelwort der Vergangenheit
Passiv	Leideform
Perfekt	eine Vergangenheitszeit
Personalpronomen	persönliches Fürwort
Plural	Mehrzahl
Plusquamperfekt	Vorvergangenheit

Glossar

Possessivpronomen	besitzanzeigendes Fürwort
Präposition	Verhältniswort
Präsens	Gegenwart
Pronomen	Fürwort
Reflexivpronomen	rückbezügliches Fürwort
Relativpronomen	bezügliches Fürwort
Relativsatz	durch Relativpronomen eingeleiteter Nebensatz
Singular (Sing.)	Einzahl
Subjekt	Satzgegenstand
Subjuntivo	Möglichkeitsform
Substantiv	Hauptwort
Superlativ	2. Steigerungsform
Verb	Zeitwort

Lösungen

Übung 1
la estación de autobuses, el Ayuntamiento, los jardines del Alcázar, el centro de la ciudad, la Judería, la Catedral, las ruinas de Itálica, la Torre del Oro.

Übung 2
1. Ø 2. Ø – la – Ø 3. el 4. Ø – un – el 5. los 6. Ø – la – el – el.

Übung 3
1. pequeña 2. ninguna 3. tercer 4. inglés 5. francés 6. rubia 7. azules 8. atractiva.

Übung 4
1. La catedral vieja es menos alta que la catedral nueva. La catedral nueva es más alta que la catedral vieja. 2. La novela policíaca es peor que la novela de aventuras. La novela de aventuras es mejor que la novela policíaca. 3. Sara trabaja peor que Ana. Ana trabaja mejor que Sara. 4. Pedro es tan simpático como Roberto. Pedro es igual de simpático que Roberto. 5. Ana es menos rubia que Elena. Elena es más rubia que Ana. 6. El vino tinto es peor que el vino rosado. El vino rosado es mejor que el vino tinto.

Übung 5
vivo, opino, viven, trabajo, tengo, cree, trabajan, pienso, pueden, pido

Übung 6
1. Sandra está leyendo una novela policíaca. 2. Jorge está comprando en el supermercado. 3. Andrea y Simón están jugando un partido de tenis. 4. Alberto y Carlos están viendo en la televisión un partido de fútbol. 5. Ana se está maquillando. 6. Roberto está cocinando una paella.

Übung 7
soy, soy, es, es, son, son, está, es, estamos

Übung 8
1. a 2. b 3. b

Lösungen

Übung 9

La pasada noche tuvo lugar un robo en el Banco Central. Los ladrones entraron por la puerta trasera del banco y consiguieron acceder a la zona de alta seguridad de éste. La sucursal estaba en esos momentos vacía, por lo cual los ladrones tuvieron mucho tiempo para realizar su hazaña. El director del banco comentó el suceso en la prensa local: »Estamos muy decepcionados. Las grandes medidas de seguridad por lo visto no han mostrado ninguna efectividad. Es una catástrofe para nuestro banco«.

Übung 10

1. he podido 2. he tenido 3. has estado 4. he llamado 5. ha pasado 6. esperé 7. llegabas 8. pregunté 9. me propuso 10. apareció 11. decidió 12. esperábamos 13. tenía

Übung 11

tendrá, decidirá, convertirá, casará, tendrá, habrá montado, será

Übung 12

a. 4, b. 3, c. 5, d. 1, e. 2

Übung 13

a. 3, b. 5, c. 1, d. 2, e. 4

Übung 14

a. Vete. b. No pisen el césped. c. No fumen. d. Ve a su casa y pregúntaselo. e. Escríbeme. f. Preguntárselo/Preguntádselo.

Übung 15

a. No tengáis paciencia. b. No vuelvas a poner ese disco. c. No prestes atención. d. No te sientes en la mesa. e. No salga deprisa, por favor. f. No seáis cuidadosos.

Übung 16

1. te intereses, estoy 2. sea, se portan 3. entiendan, estuviera, supiera, entiendo 4. es, tenga, sea, reconozca, crees 5. se canse, cuido, puede, esté.

Lösungen

Übung 17

1. Si no hubieran viajado por toda España, ahora no conocerían todas las regiones.[1]
2. Si Don Quijote no hubiera estado enamorado, no le habría[2] regalado rosas a su dama.
3. Si no hubiera estado loco, no habría luchado contra los molinos.
4. Si Sancho hubiera conocido la ciudad de Granada, no se habría buscado un guía experto.
5. Si ellos hubieran sabido nadar, habrían viajado alguna vez por mar.

Übung 18

1. tuviera, viajaría; 2. supiera, daría; 3. viviera, viviría; 4. hablara, trabajaría; 5. existiera, tendría.

Übung 19

2. Pregunta si tienes un plan para esta noche.
3. Quiere saber si te apetece salir a tomar algo.
4. Dice que mañana quiere ir a comprar al centro y pregunta si quieres ir con ella.
5. Pregunta a qué hora te pasa a buscar.
6. Se ha despedido de ti.

Übung 20

1. Dijo que iba a estar dos semanas en Canarias y que me llamaría desde allí.
2. Dijo que/Me pidió si podía regarle las plantas de vez en cuando.
3. Dijo que controlara el buzón cada dos o tres días y añadió que normalmente recibía mucho correo.
4. Dijo que/Me preguntó si le daría de comer al periquito. Después me dio las gracias por todo.

---

[1] Die Variante des Subjuntivo auf -ese ist auch korrekt: *Si **hubiesen** viajado por toda España ahora no conocerían todas las regiones.* Das gilt für alle Fälle mit Subjuntivo Imperfekt bzw. Plusquamperfekt.
[2] Auch die Variante mit Subjuntivo Plusquamperfekt ***hubiera/hubiese regalado*** im Hauptsatz ist richtig. Das gilt auch für alle weiteren irrealen Satzgefüge.

Lösungen

Übung 21
1. inteligentemente, 2. espontáneamente, 3. tranquilamente,
4. sabiamente, 5. tímidamente, 6. dulcemente, 7.. perezosamente,
8. rápidamente, 9. silenciosamente, 10. felizmente, 11. cuidadosamente,
12. prácticamente, 13. automáticamente, 14. cómodamente

Übung 22
1. mucho – ópera 2. muy – cine, 3. muy – museo, 4. muy – panadería,
5. mucho – banco, 6. muy – restaurante

Übung 23
1. me las, 2. se lo, 3. lo, 4. te, me lo, 5. le, le, 6. se lo.

Übung 24
1. nuestro/su, 2. mi/la mía, 3. suyo, 4. mío, 5. vuestra.

Übung 25
1. estos/esos, 2. Aquél, 3. Esto, 4. ese, 5. eso

Übung 26
1. alguien, 2. alguien, 3. nadie, 4. nadie/nada, 5. algunos, 6. algún,
7. alguien, 8.algo.

Übung 27
1. ¿Me puede traer otra botella de agua, por favor? 2. No tengo ningún interés en la candidatura a presidente de la junta. 3. Ya he visto esta película algunas veces. 4. No quiero nada, gracias. 5. Ha llamado alguien por teléfono, pero no sé quién es.

Übung 28
1. que, 2. quien, 3. que, 4. cuyo, 5. donde/en la que, 6. que.

Übung 29
1: d, 2: c, 3: a, 4: b.

Übung 30:
1. adónde, 2. quién, 3. de dónde, 4. qué, 5. dónde, 6. cuándo, 7. cuánto

Lösungen

Übung 31
1. qué, 2. qué, 3. cuáles, 4. cuál, 5. qué, 6. cuál.

Übung 32
1. ciento treinta y cinco, 2. setenta, 3. cuatrocientas noventa,
4. trescientas sesenta, 5. setecientas cuarenta y ocho.

Übung 33
a. 3.749 b. 2.624.215 c. 79.000 d. 110.398.

Übung 34
1. a/de/con 2. en 3. con 4. a 5. al/de 6. en, 7. de/de.

Übung 35
1. por 2. por 3. por 4. para 5. para 6. para.

Übung 36
1. Los árabes fueron expulsados por los Reyes Católicos en 1492.
2. El museo ha sido inaugurado este año.
3. La ciudad maya fue conquistada por los españoles.
4. Las murallas de la ciudad fueron destruidas en el siglo XVIII.
5. Las ruinas han sido descubiertas por los arqueólogos este año.

Übung 37
1. La escuela fue construida en 1978.
2. El ordenador ha sido reparado esta mañana.
3. El actor fue acompañado por muchos periodistas.

Register

A
a 138, 153, 154, 160
a + Infinitiv 75
a + Substantiv 75
a condición de que 86, 93, 96
a fin de que 86
a menud 108
a mí 116
a no ser que 86, 97
a ti 116
a veces 108
abajo 108
abierto 47
Absicht 161
aceptar 103
aconsejar 84
acostarse 30
Adjektiv 20
adónde 142
Adverb 107, 108
agradar 84
ahí 125
Akkusativ 73, 117, 155
Akzent 35, 142
al 154
alegrarse 84
algo 108, 131, 132
alguien 43, 128, 131, 132
algún 23
alguno 132
allí 125, 126
allí, ahí 108
Altersangaben 150, 154
alto 109
añadir 101
ante 153
antes de 163
Anweisungen 75
aquel 42, 125, 126
aquella 42
aquello 127
aquí 108, 125
arriba 108
Art und Weise 156
Artikel 13, 16
así 108
Aufforderung 73, 75, 154

Aufmerksamkeit 74
aunque 86, 87, 166
ayer 108

B
bajo 153
barato 109
bastante 108
Bedingungen 92
Bedingungssatz 69, 92
Befehl 75, 84
bejahter Imperativ 72, 73
Besitz 157
Bestätigung 144
bestimmter Artikel 17
betontes Possessivpronomen 122
bien 108
Bitte 68, 73, 75, 106
buen 23

C
caber 68
cabría 68
cada 129
centenario 151
cerca 108
cerrar 30
Charakterisierung 156
cien 148
ciento 148
cierto 130
comentar 101
como 97
cómo 142
cómo es que 144
como si 86
con 116, 153, 156
con tal de que 93
Condicional 67
Condicional perfecto 69
conmigo 116, 156
conocer 32
consigo 156
contar 30
contigo 116, 156
contra 153
costar 30

creer 34
cual 139
cuál 142, 143
cuales 139
cuáles 143
cualquier 129
cualquiera 129
cuando 86, 87, 136, 166
cuándo 105, 142
cuánto 105, 142
cuyo 136, 139

D
Dativ 73, 117, 155
de 138, 153, 156
de + Ländername 157
de + Personalpronomen 121
de ahí que 86
de dónde 142
debiera 68
decir 34, 62, 68, 101
decir que sí 103
decir – di 72
del 156
del cual 139
demasiado 108, 134
Demonstrativpronomen 124
desde 153, 163
desde hace 163
desear 84
detestar 84
dicho 47
diré 62
direkte Rede 101, 102
direktes Objekt 155
diría 68
disgustar 84
donde 136, 138
dónde 105, 142
dormir 30, 34

E
einfaches Perfekt 48
el 42
él 115
el cual 136
el que 136, 138
el/un 17

ciento ochenta y nueve **189**

Register

ella 115
ellas 115
ellos 115
empezar 30
Empfehlungen 69, 106
empörte Ausrufe 65
en 138, 153, 159
en caso de que 98
encantar 84
entender 30
entre 153
Erklärungen 154
Ermunterung 74
Erstaunen 64
es cierto 85
es evidente 85
es fácil 86
es fundamental 86
es importante 85
es imposible 86
es lógico 86
es mejor 86
es necesario 85
es normal 86
es obligatorio 86
es peligroso 86
es posible 86
es probable 86
es que 103
es raro 86
es una pena 86
es verdad 85
esa 42
escrito 47
ese 42, 125, 126
eso 127
esos 125
esperar 84
esta 42
está demostrado 85
estar 37, 38, 39, 42, 80
este 42, 125, 126
esto 127
estos 125
excepto que 97
exigir 84
explicar 101, 103

F
feminin 14, 15
Folgen 92
Forderungen 84
Fragepronomen 142
Futur 59, 102
Futur I 61, 62
Futur II 64
Futuro perfecto 64
Futuro simple 61

G
Gefühlsäußerung 84
Gegenwart 33
generalmente 35
Gerundio 28, 33, 34, 35, 117
Gleichheit 25
gran 23
Grundzahlen 147, 148, 149, 150
Gruppe e → i 31
Gruppe e → e 29
Gruppe mit der Veränderungen -c → -zc 32
Gruppe mit -g- in der Ich-Form 31
Gruppe mit -g- in der Ich-Form und Veränderung e → ie 32
Gruppe o → ue 30

H
haber 55, 62, 80
habitualmente 35
habré 62
hace 163
hacer 31, 62, 68
hacer – haz 72
hacia 153, 160
haré 62
haría 68
hasta 153, 160
hay 37, 41, 42, 43
hecho 47
Herkunftsangaben 157
Höflichkeit 74
hoy 108
hubiera 70

I
igual de ... que 25
Imperativ 71, 117
Imperativsätze 90
Imperfekt 45, 52, 53, 54, 102
Indefinido 45, 49, 51, 54, 102
Indefinitbegleiter 129
Indefinitpronomen 43, 128, 130
Indikativ 89, 105
indirekte Rede 100, 101, 102
indirektes Objekt 155
Infinitiv 35, 61, 67, 72, 117
Infinitivkonstruktion 84
Inserat 89
Interesse 74
Interrogativpronomen 141, 142, 143
ir 34, 53, 80
ir + a + Infinitiv 59, 60
ir – ve 72
irrealer Bedingungssatz 69, 94

J
Jahreszahlen 149
jamás 111
justificarse 103

K
Komparativ 25
Konditional 66, 102
Konditional I 94
Konditional II 69, 94
Konjugationsgruppe 29
Konjunktion 165, 166

L
la 18, 116
la que 138
la/una 17
las 42, 116
las que 138
las/unas 17
le 116
leer 34
lejos 108
les 116

Register

llamar 103
lo 116
los 42, 116
los que 138
los/unos 17

M
mal 23, 108
mañana 108
männlich 14, 15
más 108
más … que 25
maskulin 14, 15
mayor 25, 26
me 116
mejor 25, 108
menor 25, 26
menos 108
menos … que 25
mi 120
mientras 86, 87
mil 148
milenario 151
mío 122
Mittel 156
molestar 84
mucho 22, 43, 108, 111, 112, 134
muerto 47
muy 111

N
nacer 32
nada 43, 108, 111, 128, 131, 132
nadie 43, 128, 131, 132
nahe Zukunft 60, 61
ningún 23, 128
ninguno 43, 132
ni… ni 166
no 108
nos 116
nosotros, -as 72, 115
nuestra 120
nuestro 120, 122
nunca 108, 111

O
o 166
Objektpronomen 116
obligar 84
ofrecer 32
ojalá 89
ordenar 84
Ordnungszahlen 150
Ortsangabe 154, 160, 161
os 116
otro 22, 43, 133
oye/oiga 103

P
para 138, 153, 160
para que 86
parecer 32
parecer bien/mal 84
Partizip Perfekt 46
pasado mañana 108
Passiv 163, 167, 168
pedir 31, 34, 84
pensar 30, 61
peor 25, 108
Perfekt 45, 46, 47, 102
pero 166
Personalpronomen 35, 73, 114
Plural der Substantive 15
Plusquamperfekt 45, 55, 102
poco 22, 43, 134
poder 30, 34, 62, 68
podré 62
podría 68
pondré 62
pondría 68
poner 31, 62, 68
poner – pon 72
por 153, 161
por qué 142, 144
porque 142, 166
Possessivpronomen 119, 121
potenzieller Bedingungssatz 93
Präposition 138, 153, 154, 157
Präsens 28, 29, 33, 102
preferir 30
Preisangabe 162

Pretérito plusquamperfecto 55
Pretérito imperfecto 52
Pretérito indefinido 48, 49
Pretérito perfecto 46, 47, 51
primer 23
primero 149
probablemente 63, 89
prohibir 84
Pronomen 75, 114, 117
proponer 84
pudiera 68
puesto 47

Q
que 89, 136, 137, 138, 139, 166
qué 105, 142, 143
que-Satz 84
querer 30, 61, 62, 68, 84
querré 62
querría 68
quien 136, 138, 139
quién 105, 142, 143
quienes 138
quisiera 68
quizás 89, 108

R
Ratschlag 69, 106
realer Bedingungssatz 93
recomendar 84
reírse 31
Relativpronomen 136, 137
Relativsatz 88
repetir 31
Richtungsangabe 154, 160
römische Ziffer 149, 151
roto 47

S
saber 62, 68, 80
sabré 62
sabría 68
saldré 62
saldría 68
salir 31, 62, 68
salir – sal 72
salvo que 97
Sammelbezeichnung 43
Schreibweise 16, 79

Register

se 116, 117, 170
seguir 31
según 153
sentir 30, 84
ser 37, 38, 40, 53, 80
ser – sé 72
servir 31
si 93, 96, 166
sí 108
si-Satz 93
sido 47
siempre que 86, 93, 96
siempre y cuando 96
sin 153
sin que 86
sobre 153
soler 35
sollen 105
sólo si 96
Steigerung 24
Stellenanzeige 89
su 120
Subjektpronomen 115
Subjuntivo 77, 78, 89, 105, 131
Subjuntivo Imperfekt 81
Subjuntivo in Hauptsätzen 89
Subjuntivo in Nebensätzen 84
Subjuntivo Plusquamperfekt 82, 94
Subjuntivo Präsens 74, 78
Substantiv 13
Superlativ 26
suyo 122

T
Tageszeit 158
tal vez 89
también 108
tampoco 108, 111
tan … como 25
tanto 134
tarde 108
te 116
temer 84
tendré 62
tendría 67
tener 32, 62, 67, 150
tener – ten 72

tercer 23
todo 43, 133
traducir 32
tras 153
tu 120
tú 72, 115
tuyo 122

U
Übertreibung 64
Uhrzeit 149
un 43, 148
una 43, 148
unas 43
unbestimmter Artikel 17
unbetontes Possessivpronomen 119
uno 148, 170
unos 43
unpersönliche Aussage 169
unregelmäßige Konjugationsform 80
unregelmäßige Verben 67, 79
Unsicherheit 85
usted 72, 115
ustedes 72, 115, 116

V
valdría 68
vale/de acuerdo 103
valer 31, 68
vamos + a + Infinitiv 75
varios 134
vendré 62
vendría 68
venir 32, 34, 62, 68
venir – ven 72
ver 53
Vergleich 24
Vermutung 63, 65, 68
verneinter Imperativ 74, 75
vestirse 31
visto 47
volar 30
vuelto 47
Voraussetzungen 92
vos 116
vosotros 116
vosotros, -as 72, 115

vuestra 120
vuestro 120, 122

W
Wahrscheinlichkeit 63
weiblich 14, 15
Werkzeug 156
Wiedergabe einer Aussage 101
Wünsche 68, 84

Y
y 166
y por eso 103
yo 115

Z
Zahlen 146
Zahlenverhältnis 160
Zeitangabe 149, 154, 161, 162
Zeiten 102
Zeitraum 158
Zielangabe 154
zukünftige Handlung 69
Zustandspassiv 168
Zweck 161
Zweifel 63, 85, 144